yh 604

**Paris
1860**

Goethe, Johann Wolfgang von

Faust

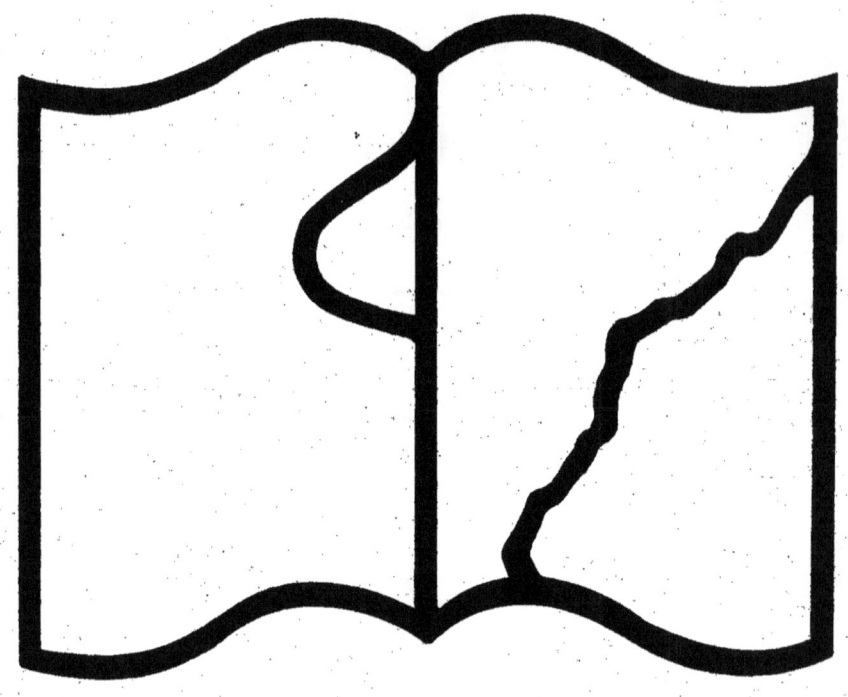

Symbole applicable
pour tout, ou partie
des documents microfilmés

Texte détérioré — reliure défectueuse
NF Z 43-120-11

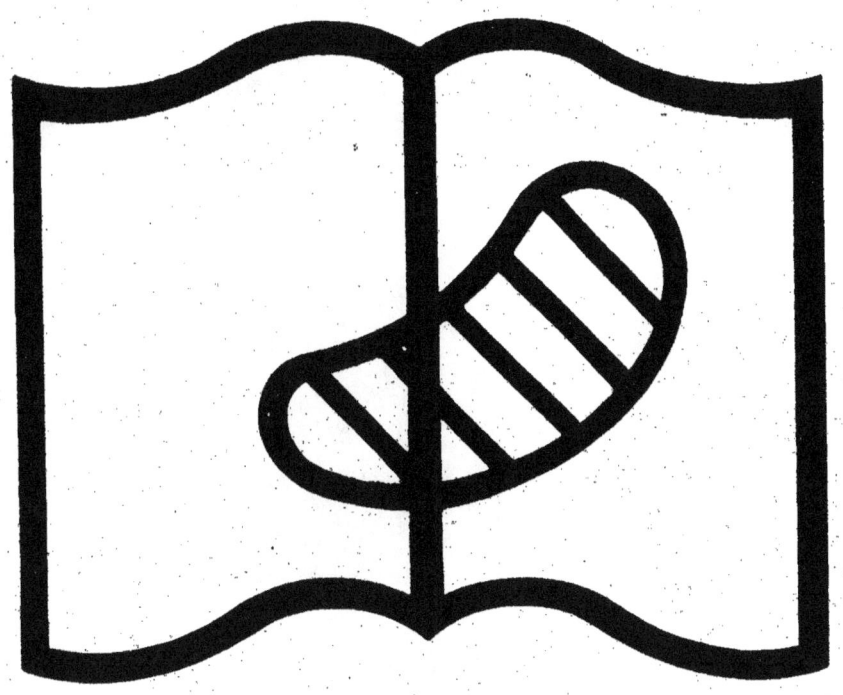

Symbole applicable
pour tout, ou partie
des documents microfilmés

Original illisible

NF Z 43-120-10

FAUST

ILLUSTRÉS PAR ÉDOUARD FRÈRE

PRIX : 90 CENTIMES

LIBRAIRIE CENTRALE
DES PUBLICATIONS ILLUSTRÉES A 20 CENTIMES
5, RUE DU PONT-DE-LODI, 5
PARIS — 1860

**PUBLICATIONS
ILLUSTRÉES
à 20 centimes.**

FAUST

Faust signe le pacte avec Méphistophélès.

**LÉGENDE DE FAUST
PAR WIDMANN,
TRADUITE EN FRANÇAIS
AU XVIIe SIÈCLE,
PAR PALMA CAYET.**

L'origine de Fauste, et ses études.

Le docteur Fauste fut fils d'un paysan naïf de Velamar sur le Rhod, qui a eu une grande parenté à Wittenberg, comme il y a eu de ses ancêtres gens de bien et bons chrétiens; même son oncle qui demeura à Wittenberg et en fut bourgeois fort puissant en biens, qui éleva le docteur Fauste, et le tint comme son fils; car, parce qu'il était sans héritiers, il prit ce Fauste pour son fils et héritier, et le fit aller à l'école pour étudier en la théologie. Mais il fut débauché d'avec les gens de bien, et abusa de la parole de Dieu. Pourtant, nous avons vu telle parenté et alliance de fort gens de bien et opulents comme tels avoir été du tout (aimés et qualifiés prud'hommes, s'être laissés sans mémoire et ne s'être fait mêler parmi les histoires, comme n'ayant vu vécu en leur race de tels enfants impies d'abomination. Toutefois, il est certain que les parents du docteur Fauste (comme il a été su d'un chacun à Wittenberg) se réjouirent de tout leur cœur de ce que leur oncle l'avait pris comme son fils, et comme de là en avant ils ressentirent en lui son esprit excellent et sa mémoire, il s'ensuivit sans doute que ses parents eurent un grand soin de lui, comme Job, au chap. 1, avait soin de ses enfants à ce qu'ils ne fissent point d'offense contre Dieu. Il advient aussi souvent que les parents qui sont impies ont des enfants perdus et mal conseillés, comme il s'est vu de Cham, Gen. 5; de Rub, Gen. 49; d'Absalon, 2 Reg. 15, 18. Ce que je récite ici, d'autant que cela est notoire, quand les parents abandonnent leur devoir et sollicitude, par le moyen de quoi ils seraient excusables. Tels ne sont que des masques, tout ainsi que des flétrissures à leurs enfants; singulièrement comme il est advenu au docteur Fauste d'avoir été mené par ses parents. Pour mettre ici chaque article, il est à savoir qu'ils l'ont laissé faire en sa jeunesse à sa fantaisie, et ne l'ont point tenu assidu à étudier, qui a été envers lui par sesdits parents encore plus petitement. Item, quand ses parents eurent vu sa maligne tête et inclination, et qu'il ne prenait pas plaisir à la théologie, et que de là il fut encore approuvé manifestement, même il y eut clameur et propos commun, qu'il allait après les enchantements, ils le devaient admonester à temps, et le tirer de là, comme ce n'était que songes et folies, et ne devaient pas amoindrir ces fautes-là, afin qu'il n'en demeurât coupable.

Mais venons au propos. Comme donc le docteur Fauste eut parachevé tout le cours de ses études, en tous les chefs plus subtils de sciences, pour être qualifié et approuvé, il passa outre de là en avant, pour être examiné par les recteurs, afin qu'il fût examiné pour être maître, et autour de lui il y eut seize maîtres, par qui il fut ouï et enquis, et avec dextérité, il emporta le prix de la dispute.

Et ainsi, pour ce qu'il fut trouvé avoir suffisamment étudié sa partie, il fut fait docteur en théologie. Puis après, il eut encore en lui sa tête folle et orgueilleuse, comme on appelait des curieux spéculateurs, et s'abandonna aux mauvaises compagnies, mettant la Sainte-Ecriture sous le banc, et mena une vie d'homme débauché et impie, comme cette histoire donne suffisamment à entendre ci-après.

Or, c'est au dire commun et très véritable : Qui est au plaisir du diable, il ne le laisse reposer ni se défendre. Il entendit, que dans Cracovie, au royaume de Pologne, il y avait eu ci-devant une grande école de magie, fort renommée, où se trouvaient telles gens qui s'amusaient aux paroles chaldéennes, persanes, arabiques et grecques, aux figures, caractères, conjurations et enchantements, et semblables termes, que l'on peut nommer d'exorcismes et sorcelleries, et les autres pièces ainsi dénommées par exprès les arts dardaniens, les nigromances, les charmes, les sorcelleries, la divination, l'incantation, et tels livres, paroles et termes que l'on pourrait dire. Cela fut très agréable à Fauste, et y spécula et étudia jour et nuit; en sorte qu'il ne voulut plus être appelé théologien. Ainsi fut homme mondain, et s'appela docteur de médecine, fut astrologue et mathématicien. Et en un instant il devint droguiste; il guérit premièrement plusieurs peuples avec des drogues, avec des herbes, des racines, des eaux, des potions, des receptes et des clystères. Et puis après, sans raison, il se mit à être beau diseur, comme étant bien versé dans l'Ecriture divine. Mais, comme dit bien la règle de notre Seigneur Jésus-Christ : Celui qui sait la volonté de son maître, et ne la fait pas; celui-là sera battu au double.

Item. « Nul ne peut servir deux maîtres. »

Item. « Tu ne tenteras pas le Seigneur ton Dieu. » Fauste s'attira tous ces châtiments sur soi, et mit son âme à son plaisir par-dessus la barrière; tellement qu'il se persuada n'être point coupable.

Le serviteur de Fauste.

Le docteur Fauste avait un jeune serviteur qu'il avait élevé quand il étudiait à Wittemberg, qui vit toutes les illusions de son maître Fauste, toutes ses magies et son art diabolique. Il était un mauvais garçon, coureur et débauché, du commencement qu'il vint demeurer à Wittemberg : il mendiait, et personne ne voulait le prendre à cause de sa mauvaise nature. Ce garçon se nommait Christofle Wagner, et fut dès lors serviteur du docteur Fauste : il se tint très bien avec lui, en sorte que le docteur Fauste l'appelait son fils. Il allait où il voulait, quoiqu'il allât boitant et de travers.

Le docteur Fauste conjure le Diable pour la première fois.

Fauste vint en une forêt épaisse et obscure, comme on se peut figurer, qui est située près de Wittemberg, et s'appelle la forêt de Mangeaille, qui était autrefois très bien connue de lui-même. En cette forêt, vers le soir, en une croisée de quatre chemins, il fit avec un bâton un cercle rond, et deux autres qui entraient dedans le grand cercle. Il conjura ainsi le Diable en la nuit, entre neuf et dix heures; et lors manifestement le Diable se relâcha sur le point, et se fit voir au docteur Fauste en arrière, et lui proposa : Or sus, je veux sonder ton cœur et ta pensée, que tu me t'exposes comme un singe attaché à son billot, et que non-seulement ton corps soit à moi, mais aussi ton âme, et tu me seras obéissant, et je t'envoierai où je voudrai pour faire mon message; et ainsi le Diable amiella étrangement Fauste, et l'attira à son abusion.

Lors le docteur Fauste conjura le Diable, à quoi il s'efforça tellement, qu'il fit un tumulte qui était comme s'il eût voulu renverser tout de fond en comble; car il faisait plier les arbres jusques en terre; et puis le Diable faisait comme si toute la forêt eût été remplie de diables, qui apparaissaient au milieu et autour du cercle à l'environ comme un grand charriage menant bruit, qui allaient et venaient çà et là, tout au travers par les quatre coins, redondant dans le cercle comme des élans et foudres, comme des coups de gros canon, dont il semblait que l'enfer fût entr'ouvert, et encore y avait-il toutes sortes d'instruments de musique aimables, qui s'entendaient chanter fort doucement, et encore quelques danses; et y parurent aussi des tournois avec lances et épées, tellement que le temps durait fort long à Fauste, et il pensa de s'enfuir hors du cercle. Il prit enfin une résolution unique et abandonnée et y demoura, et se tint ferme à sa première condition (Dieu permettant ainsi, à ce qu'il pût poursuivre), et se mit comme auparavant à conjurer le Diable de nouveau, afin qu'il ne fit voir à lui devant ses yeux, de la façon qui s'ensuit. Il apparut à lui, à l'entour du cercle, un griffon, et puis un dragon puant le soufre et soufflant, en sorte que, quand Fauste faisait les incantations, cette bête gringait étrangement les dents, et tomba soudain de la longueur de trois ou quatre aunes, qui se mit comme un peloton de feu, tellement que le docteur Fauste eut une horrible frayeur. Nonobstant il embrassa sa résolution, et pensa encore plus hautement de faire que le Diable lui fût assujéti. Comme quand Fauste se vantait, en compagnie un jour, que la plus haute tête qui fût sur la terre lui serait assujétie et obéissante, et ses compagnons étudiants lui répondirent qu'ils ne savaient point de plus haute tête que le pape, ou l'empereur, ou le roi.

Lors répondait Fauste : La tête qui m'est assujétie est encore plus haute, comme elle est écrite en l'Epître de saint Paul aux Éphésiens: « C'est le prince de ce monde sur la terre et dessous le ciel. » Ainsi donc, il conjura cette étoile une fois, deux fois, trois fois, et lors devint une poutre de feu, un homme au-dessus qui se défit, puis après, ce furent six globes de feu comme des lumignons, et s'en éleva un au-dessus, et puis un autre par-dessous, et ainsi conséquemment, tant qu'il se changea du tout, et qu'il s'en forma une figure d'un homme tout en feu, qui allait et venait tout autour du cercle, par l'espace d'un quart d'heure. Soudain ce diable s'et changea sur-le-champ en la forme d'un moine gris, vint avec Fauste en propos, et demanda ce qu'il voulait.

Le nom du Diable qui visita Fauste.

Le docteur Fauste demanda au Diable comme il s'appelait, quel était son nom. Le Diable lui répondit qu'il s'appelait Méphostophilès.

Les conditions du pacte, quelles elles sont.

Au soir, environ vêpres, entre trois et quatre heures, le Diable volatique se montra au docteur Fauste derechef, et le Diable dit au docteur Fauste : « J'ai fait ton commandement, et tu me dois commander. Partant, je suis venu pour t'obéir, quel que soit ton désir, d'autant que tu m'as ainsi ordonné, que je me présentasse devant toi à cette heure ici. » Lors Fauste lui fit réponse, ayant encore son âme misérable, toute perplexe, d'autant qu'il n'y avait plus moyen de différer l'heure donnée. Car un homme en étant venu jusque-là ne peut plus être à soi; mais il est, quant à son corps, en la puissance du Diable, et de là en avant la personne est en sa puissance. Lors Fauste lui demanda les pactions qui s'ensuivent.

Premièrement, qu'il peut faire prendre une telle habitude, forme et représentation d'esprit, qu'en icelle il vint et s'apparût à lui.

Pour le second, que l'esprit fit tout ce qu'il lui commanderait, et lui apportât tout ce qu'il voudrait avoir de lui.

Pour le troisième, qu'il lui fût diligent, sujet et obéissant, comme étant son valet.

Pour le quatrième, qu'à toute heure qu'il l'appellerait et le demanderait il se trouvât au logis.

Pour le cinquième, qu'il se gouvernât tellement par la maison, qu'il ne fût ni vu ni reconnu de personne que de lui seul, à qui il se montrerait, comme serait son plaisir et son commandement.

Et finalement, que toutes fois et quantes qu'il l'appellerait, il eût à se montrer en la même figure comme il lui serait commandement.

Sur ces six points, le Diable répondit à Fauste qu'en toutes ces choses, il lui voulait être volontaire et obéissant, et qu'il voulait aussi proposer d'autres articles par ordre, et lorsqu'il les accomplirait, qu'il n'aurait faute de rien.

Les articles que le Diable lui proposa sont tels que ci-après :

Premièrement, que Fauste lui promit et jurât qu'il serait sien, c'est-à-dire en la possession et jouissance du Diable.

Pour le second, qu'afin de plus grande confirmation, il lui ratifiât par son propre sang, et que de son sang il lui en écrivit un tel transport et donation de sa personne.

Pour le troisième, qu'il fût ennemi de tous les chrétiens.

Pour le quatrième, qu'il ne se laissât attirer à ceux qui le voudraient convertir.

Conséquemment, le Diable voulut donner à Fauste un certain nombre d'années qu'il aurait à vivre, dont il serait aussi tenu de lui, et qu'il lui tiendrait ces articles, et qu'il aurait de lui tout son plaisir et tout son désir. Et qu'il le pourrait en tout presser, que le Diable eût à prendre une belle forme et telle qu'il lui plairait.

Ledit Fauste fut tellement transporté de la folie et superbité d'esprit, qu'ayant péché une fois, il n'eut plus de souci de la béatitude de son âme; mais il s'abandonna au Diable, et lui promit d'entretenir les articles susdits. Il pensait que le Diable ne serait pas si mauvais, comme il le faisait paraître, ni que l'enfer fût si impétueux, comme on en parle.

Le docteur Fauste s'oblige.

Après tout cela, le docteur Fauste dressa par dessus cette grande oubliance et outrecuidance, un instrument au Diable et une reconnaissance, une briève soumission et confession, qui est un acte horrible et abominable. Et cette obligation-là fut trouvée en sa maison, après son misérable départ de ce monde.

C'est ce que je prétends montrer évidemment, pour instruction et exemple des bons chrétiens, afin qu'ils n'aient que faire avec le Diable, et qu'ils puissent retirer d'entre ses pattes leurs corps et leurs âmes, comme Fauste s'est outrageusement abandonné à son misérable valet et obéissant, qui se disait être par le moyen de telles œuvres diaboliques, qui est tout ainsi que les Parthes faisaient, s'obligeant les uns aux autres; il prit un couteau pointu, piqua une veine en la main gauche, et se dit un homme véritable. Il fut vu, en sa main ainsi piquée, un écrit comme d'un sang de mort, en ces mots latins: *O homo, fuge!* qui est à dire: O homme, fuis-t'en de là, et fais le bien.

Puis le docteur Fauste reçoit son sang sur une tuile et y met les charbons tout chauds, et écrit comme s'ensuit ci-après.

« Jean Fauste, docteur, reçois de ma propre main manifestement pour une chose ratifiée, et ce en vertu de cet écrit: qu'après que je me suis mis à spéculer les éléments, et après les dons qui m'ont été distribués et départis de là-haut; lesquels n'ont point trouvé d'habitude dans mon entendement; et de ce que je n'ai peut-être enseigné autrement des hommes, lors je me suis moi-même présentement adonné à un esprit, qui s'appelle Méphostophilès, qui est valet du prince infernal en Orient, par paction entre lui et moi, qu'il m'adresserait et m'apprendrait, comme il m'était prédestiné, qui aussi réciproquement m'a promis de m'être sujet à toutes choses, partant à et à l'opposite, je lui ai promis et lui certifie, que d'ici à vingt-quatre ans, de la date de ces présentes, vivant jusque-là complètement, comme il m'enseignera en son art et science, et en ses inventions me maintiendra, gouvernera, conduira, et me fera tout bien, avec toutes les choses nécessaires à mon âme, à ma chair, à mon sang et à ma santé, que je suis et serai sien à jamais. Partant je renonce à tout ce qui est pour la vie du maître céleste et de tous les hommes, et que je sois en tout sien. Pour plus grande certitude et plus grande confirmation, j'ai écrit la présente promesse de ma propre main, et l'ai sous-écrit de mon propre sang, que je me suis tiré expressément pour ce faire, de mon sens et de mon jugement, de ma pensée et volonté, et l'ai arrêté, scellé et testifié, etc. »

Fauste tira cette obligation à son Diable, et lui dit: Toi, tiens le brevet. Méphostophilès prit le brevet, et voulut encore de Fauste avoir cela, qu'il lui en fît une copie. Ce que le malheureux Fauste dépêcha.

Les hôtes du docteur Fauste se veulent couper le nez.

Le docteur Fauste avait, en un certain lieu, invité des hommes principaux pour les traiter, sans qu'il eût apprêté aucune chose. Quand donc ils furent venus, ils virent bien la table couverte, mais la cuisine était encore froide. Il se faisait aussi des noces, le même soir, d'un riche et honnête bourgeois, et avaient été tous les domestiques de la maison empêchés, pour bien et honorablement traiter les gens qui y avaient été invités, ce que le docteur Fauste ayant appris, commanda à son esprit que de ces noces il lui apportât un service de vivres tout apprêtés, soit poissons ou autres, et qu'incontinent il les enlevât de là, pour traiter ses hôtes. Soudain il y eut, en la maison où l'on faisait les noces, un grand vent par les cheminées, fenêtres et portes, qui éteignit toutes les chandelles; après que le vent fut cessé et les chandelles derechef allumées et qu'ils eurent vu d'où le tumulte venait, ils trouvèrent qu'il manquait à un mets une pièce de rôti, à un autre une poule, à un autre une oie, et que dans la chaudière il manquait aussi de gros poissons. Lors furent Fauste et ses invités pourvus de vivres, mais le vin manquait, toutefois non pas longtemps, car Méphostophilès fut fort bien au voyage de Florence dans les caves de Fougres, dont il en emporta quantité. Mais après qu'ils eurent mangé, ils désiraient (qui est ce pourquoi ils étaient principalement venus) qu'il leur fît pour plaisir quelques tours d'enchantement. Lors il leur fit venir sur la table une vigne avec ses grappes de raisin dont un chacun en prît sa part, il commanda puis après de prendre un couteau et le mettre à la racine comme s'ils l'eussent voulu couper; néanmoins ils n'en purent pas venir à bout; puis après, il s'en alla hors des étuves, et ne tarda guère sans revenir. Lors ils s'arrêtèrent tous et se tinrent l'un à l'autre par le nez, et un couteau dessus. Quand donc puis après ils voulurent ils, purent couper les grappes. Cela leur fut ainsi mis aucunement; mais ils eurent bien voulu qu'il les eût fait venir toutes mûres.

Au jour du dimanche, Hélène enchantée.

Au jour du dimanche, des étudiants vinrent, sans être invités, en la maison du docteur Fauste pour souper avec lui, et apportèrent avec eux des viandes et du vin, car c'étaient gens de dépense volontaire.

Comme donc le vin eut commencé à monter, il y eut propos à table de la beauté des femmes, et l'un commença de dire à l'autre qu'il ne voulait point voir de belles femmes, sinon la belle Hélène de Grèce, parce que sa beauté avait été cause de la ruine totale de la ville de Troie, disant qu'elle devait être très belle, de ce qu'elle avait été tant de fois dérobée, et que pour elle s'était faite une telle élévation.

Le docteur Fauste répondit: Puisque vous avez tant de désir de voir la belle personne de la reine Hélène, femme de Ménélaüs et fille de Tyndare et de Léda, sœur de Castor et de Pollux (qui a été la plus belle femme de la Grèce), je vous la veux faire venir elle-même; que vous voyiez personnellement son esprit en sa forme et stature comme elle a été en vie.

Sur cela, le docteur Fauste défendit à ses compagnons que personne ne dît mot, et qu'ils ne se levassent point de la table pour s'émouvoir à la caresser, et sortit hors du poêle.

Ainsi, comme il entrait dedans, la reine Hélène suivait après lui à pied, et admirablement belle que les étudiants ne savaient pas s'ils étaient eux-mêmes ou non, tant ils étaient troublés et transportés en eux-mêmes.

Ladite Hélène apparut en une robe de pourpre noire précieuse, ses cheveux lui traînaient jusques en bas à excellemment beaux qu'ils semblaient être fin or, et si bas qu'ils venaient jusques au dessous des jarrets, au gros de la jambe, avec de beaux yeux noirs, un regard amoureux, et une petite tête bien façonnée, les lèvres rouges comme des cerises, avec une petite bouche, un beau long cou blanc comme un cygne, ses joues vermeilles comme une rose, un visage très beau et lissé, et son corsage longuet, droit et proportionné. Enfin, il n'eût pas été possible de trouver en elle une seule imperfection. Elle se fit ainsi voir par toute la salle du poêle, avec une façon toute mignarde et poupine, que tous les étudiants furent enflammés en son amour, et si ce n'est qu'ils savaient que ce fût un esprit, il leur fût facilement venu un tel embrasement pour la toucher. Ainsi Hélène s'en retourna avec le docteur Fauste hors de l'étuve.

L'enfant de Fauste et d'Hélène.

Afin que l'esprit donnât de contentement au docteur Fauste avec sa misérable chair, il se présenta à lui environ à la minuit, comme s'il s'était éveillé, la figure de la belle Hélène de Grèce, toute telle que ci-devant il l'avait représentée devant les étudiants, et se mit en son sein, étant une stature toute pareille d'alors, avec un visage amoureux et charmant. Comme le docteur Fauste la vit ainsi, il se rendit son prisonnier de cœur, tellement qu'il eut amitié avec elle et la tint pour sa femme de joie, qui lui gagna tellement l'amour, qu'il n'eût pu avoir sa vue hors d'elle, et enfin elle devint grosse de lui, et enfanta un fils dont le docteur Fauste se réjouit fort, et l'appela Juste Fauste. Mais comme il vint à la fin de sa vie, cet enfant s'engloutit tout de même que la mère.

Les lamentations et gémissements du docteur Fauste.

Au docteur Fauste coulaient les heures comme une horloge, toujours en crainte de casser; car il était tout affligé, il gémissait, et pleurait, et rêvait en soi-même, battant des pieds et des mains comme un désespéré. Il était ennemi de soi-même et de tous les hommes, en sorte qu'il se fit céler, et ne voulut voir personne, non pas même Méphostophilès ni le souffrir auprès de lui. C'est pourquoi j'ai bien voulu insérer ici une de ses lamentations qui ont été mises par écrit.

Ah! Fauste! tu es bien d'un cœur dévoyé et non naturel, qui par ta compagnie, es damné au feu éternel, lorsque tu avais pu obtenir la béatitude, lors tu l'as instamment perdue. Ah! libre volonté, est-ce que tu réduis mes membres qui dorénavant ils ne peuvent plus voir que leur destruction! ah! miséricorde et vengeance, en quoi j'ai eu l'occasion de m'engager pour gage et abandon! O indignation et compassion! pourquoi ai-je été fait homme? O la peine qui m'est apprêtée pour endurer! Ha! ha! malheureux que je suis! ha! ha! que me sert de me lamenter!

Ha! ha! ha! misérable homme que je suis! O malheureux et misérable Fauste, tu seras fort bien en la troupe des malheureux, que je suis pour endurer les douleurs extrêmes de la mort, et même une mort plus pitoyable, que jamais créature malheureuse ait endurée. Ha! ha! mes sens dépravés, ma volonté corrompue, mon outrecuidance et libertinage! O ma vie fragile, et inconstante! O toi qui as fait mes membres et mon corps, et mon âme aussi aveugle comme tu es, ô volupté temporelle, en quelle peine et travail m'as-tu amené, ô toi qui as ainsi aveuglé et obscurci mes yeux! Ha! ma triste pensée, et toi, mon âme troublée, où est ta connaissance! O misérable travail! O douteuse espérance! que jamais plus il ne soit mémoire de toi! Ha! tourment sur tourment, ennui sur ennui!

Hélas! déploration? Qui me délivrera? ou m'irai-je cacher? ou fuirai-je? Or je suis où j'ai voulu être; je suis pris!

Sur un tel regret ci-dessus récité, il apparut à Fauste son esprit Méphostophilès, qui vint à lui et l'attaqua par ses discours injurieux, de reproche et de moquerie.

Comment le docteur Fauste fut en enfer.

Le docteur Fauste s'ennuyait si fort, qu'il songeait et rêvait toujours de l'enfer. Il demanda à son valet Méphostophilès qu'il fît en sorte qu'il pût enquérir son maître Lucifer et Bélial, et allèrent à eux; mais ils lui envoyèrent un diable qui avait nom Belzébub, commandant sous le ciel, qui vint et demanda à Fauste ce qu'il désirait. Il répond que c'était s'il y aurait quelque esprit qui le pût mener en enfer et le ramener aussi, tellement qu'il pût voir la qualité de l'enfer, son fondement, sa propriété et substance, et s'en retirer ainsi. Oui, dit Belzébub, je te mènerai environ la minuit, et t'y emporterai. Comme donc ce fut à la minuit, et qu'il faisait obscur, Belzébub se montra à lui, et avait sur son dos une selle d'ossements, et tout autour elle était fermée, et y monta Fauste là-dessus, et ainsi s'en va de là. Maintenant, écoutez comment le Diable l'aveugla et lui fit le tour du siège; c'est qu'il ne pensait en rien autre chose, sinon qu'il était en enfer.

Il l'emporta en un air où le docteur Fauste s'endormit, tout ainsi que quand quelqu'un se met en l'eau chaude ou dedans un bain. Puis après, il vint sur une haute montagne, au-dessus d'une grande île. De là les foudres, les poix et les lances de feu éclataient avec un si grand bruit et tintamarre, que le docteur Fauste s'éveilla. Le serpent diabolique faisait de telles illusions, en cet abîme, au pauvre Fauste; mais Fauste, comme il était tout entouré de feu, comme il lui semblait, c'est qu'il ne trouva pourtant pas aucune roussure ni brûlure; mais il sentait un petit vent doux comme un rafraîchissement et une récréation; il entendit aussi là-dessus certains instruments, dont toute l'harmonie était fort plaisante; et toutefois il ne put voir aucun instrument, ni comment ils étaient faits, tant l'enfer était en feu, et n'osa pas demander de quelle forme ils étaient faits; car il lui avait été défendu auparavant, qu'il ne pouvait absolument parler ni demander d'aucune chose, parce qu'il était ainsi englouti de son diabolique serpent, de Belzébub et de deux ou trois autres. Lors le docteur Fauste entra encore plus avant dans l'abîme, et les trois s'en étant allés avec le susdit Belzébub, il se rencontra au docteur Fauste sur cela un gros cerf-volant avec de grosses cornes et trompes, qui voulut fracasser ou enfoncer le docteur Fauste en l'abîme susdit, dont il eut grande frayeur; mais les trois susdits serpents chassaient avec ledit cerf. Comme donc le docteur Fauste se vit entrer plus avant au fond de la caverne, il vit que tout à l'entour de lui il n'y avait rien que des verminiers et couleuvres puantes. Mais les couleuvres étaient fort grosses; après lesquelles vinrent des ours volant comme au secours, qui combattaient et joutaient contre les couleuvres, et les vainquirent tellement, qu'il lui fut sûr et libre de passer par là, et comme il fut arrivé plus en avant en descendant, voici un gros taureau volant qui venait dessus une grande porte et tour, qui s'en courut ainsi furieux et bramant contre Fauste, le poussa si rudement contre son siège, que le siège et le serpent avec vint à donner dessus dessous avec ledit Fauste.

Le docteur Fauste tomba encore plus bas dans l'abîme avec de grandes blessures et avec un grand cri; car il pensait déjà maintenant; c'est fait de moi; même il ne pouvait plus avoir peur. Toutefois, il le vint encore attaquer, pour le faire tomber plus bas; un vieux, tout hérissé magot, vint le tourmenter et irriter. En la suprémité de l'enfer, il y avait un brouillard si épais et ténébreux, qu'il ne voyait rien du tout, et au-dessus il se forma une grosse nuée sur quoi montaient deux gros dragons, et menaient un chariot avec eux, où le vieux magot mit le docteur Fauste; après s'ensuivit, l'espace d'un gros quart-d'heure, une grosse nuée ténébreuse, tellement que le docteur Fauste n'eût su voir ni les dragons ni le chariot, ni s'y prendre en tâtonnant; et en allant plus avant, il descendit encore plus profondément. Mais aussitôt que cette grosse nuée ténébreuse et puante fut engloutie, il vit un cheval et un chariot suivant après. Et après, fut le docteur Fauste remis à l'air, et au même instant il entendit plusieurs coups de foudre et éclairs, tellement que cela allait si menu, que le docteur Fauste se tint où sans dire mot, ayant grande frayeur et tout tremblant. Sur cela, le docteur Fauste vint sur une eau grosse et tempestueuse, où les deux dragons le poussèrent dedans pour y être submergé; mais il n'y trouvait point d'eau : ainsi il y trouva une grosse vapeur de chaleur ardente, et les vagues et les ondes venaient à battre tellement le docteur Fauste, qu'il perdit le cheval et son chariot, et tomba encore de plus en plus au profond et en une impétuosité de haut en bas, tant que finalement il vint à tomber dans l'abîme, qui était fort creux et tout pointu par le dedans des rochers; c'est pourquoi il se tint là comme s'il eût été mort; il regardait de tous côtés, et ne vit personne, ni ne put rien entendre. Mais enfin il lui commença à naître une petite lumière, comme il fut descendu encore plus bas, il vit de l'eau à l'entour de lui. Le docteur Fauste regarda alors ce qu'il devait faire, disant : « Puisque tu es abandonné des esprits infernaux, il faut que tu t'enfonces dans ce gouffre, ou dans cette eau, ou que tu te défasses comment que ce soit. » Alors il se dépita en soi-même, et se va mettre en un courage désespéré, au travers un endroit qu'il vit tout en feu, en disant : « Maintenant, vous esprits, recevez cette offrande dévouée à votre service, à quoi mon âme est condamnée. » Comme il se fut ainsi jeté à travers par précipitation, il entendit un bruit et tumulte fort effroyable qui faisait ébranler les montagnes et les rochers, et tant plus que lui pensait qu'il se passait, le bruit se faisait encore plus grand; et comme il fut venu jusqu'au fondement, il vit dans le feu plusieurs bourgeois, quelques empereurs, rois, princes, seigneurs et des gens d'armes tout enharnachés à milliers. Autour du feu, il y en avait une grande chaudière pleine d'eau, dont quelques-uns d'eux buvaient, les autres se rafraîchissaient et baignaient; les autres, sortant de la chaudière, s'en couraient au feu pour s'échauffer.

Le docteur Fauste entra dans le feu, en voulut tirer une âme damnée, et comme il pensait la tenir par la main, elle s'évanouit de lui tout-à-coup en arrière. Mais il ne pouvait alors demeurer là longtemps, à cause de la chaleur; et comme il regardait ci et là, voici que vint le dragon ou bien Belzébub, avec sa selle dessus, et s'assit dessus et lui disant en haut; car Fauste ne pouvait là plus endurer, à cause des tonnerres, des tempêtes, des brouillards, du soufre, de la fumée, du feu, froidure et chaleur mêlés ensemble, de plus, à cause qu'il était las d'endurer les efforts, les clameurs, les lamentations des malheureux, les hurlements des esprits, les travaux et les peines, et autres choses. Le docteur Fauste n'ayant eu, en tout ce temps-là, aucun bien au dedans de cet enfer, aussi son valet n'avait pensé autre chose de son pouvoir rien emporter, puisqu'il avait désiré tout entrer en l'enfer, il eût mieux aimé le voir une fois, et demeurer toujours dehors, puis après. En cette façon vint Fauste derechef en sa maison, après qu'il se fut ainsi endormi sur sa selle, l'esprit le rejeta tout endormi sur son lit; et après que le jour fut venu, et que le docteur Fauste fut réveillé, il ne se trouva point autrement que s'il se fût trouvé aussi longtemps en une prison ténébreuse, car il n'avait point vu autre chose, sinon comme des monceaux de feu, et ce que le feu avait baillé de soi. Le docteur Fauste, ainsi couché sur son lit, pensait après l'enfer. Une fois, il le prenait à son escient qu'il eût été là-dedans, et qu'il l'avait vu. Une autre fois il doutait là-dessus, que le Diable lui eût fait quelque illusion et traît d'enchanterie par les yeux, comme cela fut vrai; car il n'avait garde de lui faire voir effectivement l'enfer, de crainte de lui causer trop d'appréhension. Cette histoire et cet acte, touchant ce qu'il avait vu, et comment il avait été transporté en enfer, et comment le Diable l'avait aveuglé, le docteur Fauste lui-même l'a ainsi écrit, et a été ainsi trouvé après sa mort en une tablette de la propre écriture de sa main, et ainsi couché en un livre fermé qui fut trouvé après sa mort.

Esprits infernaux, entre lesquels les sept principaux sont nommés par leurs noms.

Le Diable, qui s'appelle Bélial, dit au docteur Fauste : Depuis le septentrion j'ai vu ta pensée, et est telle, que volontiers tu pourrais voir quelques-uns des esprits infernaux qui sont princes; pourtant j'ai voulu m'apparaître à toi avec mes principaux conseillers et serviteurs, à ce que tu aies ton désir accompli. Le docteur Fauste répond : Or sus, où sont-ils? Sur cela Bélial lui fit venir : Or, Bélial était apparu au docteur Fauste en la forme d'un éléphant marqueté et ayant l'épine du dos noire, seulement ses oreilles lui pendaient en bas, et ses yeux tout remplis de feu, avec de grandes dents blanches comme neige, et une longue trompe, qui avait trois aunes de longueur demeurée, et avait au col trois serpents volants. Ainsi vinrent au docteur Fauste les esprits l'un après l'autre, dans son poêle; car ils n'y eussent pu être tous à la fois. Or, Bélial se montra au docteur Fauste l'un après l'autre entre, et comment ils s'appelaient. Ils vinrent devant lui, les sept esprits principaux, à savoir le premier : Lucifer, le maître gouverneur du docteur Fauste, lequel se décrit ainsi. C'était un grand homme, et était chevelu et pivoté, de la couleur comme des glands de chênes rouges, qui avaient une grande queue après eux. Après venait Belzébub qui avait les cheveux peints de couleur, velu par tout le corps; il avait une tête de veau avec deux oreilles effroyables, aussi tout marqueté de hampes, et chevelu, avec deux gros floquets si rudes comme les charauts du foulon qui sont dans les champs, demi-vert et jaune, qui flottaient sur les floquets d'eu bas, qui étaient comme d'un four tout de feu; il avait une queue de dragon. Astaroth, celui-ci vint en la forme d'un serpent, et allait par la queue tout droit; il n'avait point de pieds, sa queue avait des couleurs comme de briques changeantes, son ventre était fort gros, il avait deux petits pieds fort courts, tout jaunes, et le ventre un peu blanc et jaunâtre, le cou tout de châtain roux, et une pointe en façon de piques et traits, comme le hérisson, qui avançaient en la longueur des doigts. Après, vint Satan; tout blanc et gris, et marqueté; il avait la tête d'un âne et avait la queue comme d'un chat, et les cornes des pieds longues d'une aune.

Suivit aussi Annabry; il avait la tête d'un chien noir et blanc, et des mouchetures blanches sur le noir, et sur le blanc des noires; seulement, il avait les pieds et les oreilles pendantes comme un chien, qui étaient longues de quatre aunes.

Après tous ceux-ci, venait Dythican, qui était d'une aune de long; mais il avait seulement le corps d'un oiseau, qui est la perdrix; il avait seulement tout le cou vert et moucheté ou ombragé.

Le dernier fut Drac, avec quatre pieds fort courts, jaune et vert, le corps par-dessus flambant brun, comme du feu bleu, et sa queue rougeâtre. Ces sept, avec Bélial, qui sont ses conseillers d'entretien, étaient ainsi habillés des couleurs et façons qui ont été récitées.

D'autres aussi lui apparurent, avec semblables figures, comme des bêtes inconnues, comme des pourceaux, daims, cerfs, ours, loups, singes, lièvres, buffles, chevaux, boucs, verrats, ânes et autres semblables. En telles couleurs et formes, ils se présentèrent à lui selon que chacun sortait dudit poêle, l'un après l'autre. Le docteur Fauste s'étonna d'eux, et demanda aux sept qui s'étaient arrêtés, pourquoi ils n'étaient apparus en autres? Ils répondirent et dirent, qu'autrement ils ne pourraient plus rentrer en enfer, et pourtant qu'ils étaient les bêtes et les serpents infernaux; quoiqu'ils fussent fort effroyables et hideux, toutefois, ils pouvaient aussi prendre forme et barbe d'homme quand ils voulaient. Le docteur Fauste dit là-dessus : C'est assez, puisque les sept sont ici, et pria les autres de prendre leur congé, ce qu'ils fit.

Lors le docteur Fauste leur demanda qu'ils se fissent voir en essai pour voir ce qu'ils en arriverait, et alors ils se changèrent l'un après l'autre, comme ils l'avaient fait auparavant, en toutes sortes de bêtes, aussi en gros oiseaux, en serpents et en bêtes de rapine à quatre et à deux pieds. Cela plut bien au docteur Fauste, et leur dit : Si lui aussi le pourrait davantage? Ils dirent oui, et lui jetèrent un petit livre de sorcellerie, et qu'il fît aussi son essai, ce qu'il fit de fait. Toutefois le docteur Fauste ne put pas faire davantage. Et devant qu'eux aussi voulussent prendre congé, il leur demanda qui avait fait les insectes? Ils dirent : Après la faute des hommes ont été créés les insectes, afin que ce fût pour la punition et honte des hommes, et nous autres ne pouvons tant, que de faire venir force insectes, comme autres bêtes; lors tout incontinent apparurent, au docteur Fauste, dans son poêle ou étuve, toutes sortes de tels insectes, comme fourmis, lézards, mouches bovines, grillons, sauterelles et autres. Alors toute la maison se trouva pleine de cette vermine. Toutefois, il était fort en colère contre tout cela, transporté et hors de son sens; car entre autres de tels reptiles et insectes, il y en avait qui le piquaient comme fourmis le mordaient, les bergalis le piquaient, les mouches lui couraient sur le visage, les puces le mordaient, les taons ou bourdons lui volaient autour. Tant qu'il en était tout étonné, les poux le tourmentaient à la tête et au cou, les araignées lui filaient de haut en bas, les chenilles le rongeaient, les guêpes l'attaquaient. Enfin il fut tout partout blessé de toute cette vermine, tellement qu'on pourrait bien dire qu'il n'était encore qu'un jeune diable, de ne se pouvoir pas défendre de ces bestioles. Au reste, le docteur Fauste ne pouvait pas demeurer dans lesdits étuves ou poêles; mais d'abord qu'il fut sorti du poêle, il n'eut plus aucune plaie, et n'y eut plus de tels fantômes autour de lui, et tous disparurent, s'étant dévorés l'un l'autre vivement, et avec promptitude.

Moqueries de Méphostophilès, et gémissements du docteur Fauste.

Comme le docteur Fauste se tourmentait tellement qu'il ne pouvait plus parler, son esprit Méphostophilès vint à lui, et lui dit : D'autant que tu as eu la Sainte-Écriture, et qu'elle t'enseigne de n'aimer et adorer qu'un seul Dieu, le servir seul, et non pas un autre, ni à gauche, ni à droite, et que c'était ton devoir d'être soumis et obéissant à lui; mais comme vous n'avez pas fait cela, ainsi au contraire, vous l'avez abandonné et renié, vous avez perdu sa grâce et miséricorde; et vous vous êtes ainsi abandonné en corps et en âme à la puissance du Diable, c'est pourquoi il faut que vous accomplissiez votre promesse; et j'entends bien mes rhythmes :

As-tu été, ainsi quoi?
Tout bien te sera sans émoi.
As-tu cela, tiens-le bien.
Le malheur vient en un rien
Partant, tais toi, souffre et accorde,
Nul ton malheur plaint ni recorde.
C'est ta honte, et de Dieu l'offense.
Ton mal court toujours sans dépense.

Partant, mon Fauste, il n'est pas bon de manger avec de grands seigneurs et avec le Diable, des cerises, car il vous se jette les noyaux au visage, comme tu vois maintenant; c'est pourquoi il te faut tenir loin de là. Tu eusses été assez loin de lui, mais la superbe impétuosité t'a frappé; tu as un art que ton Dieu t'a donné, tu l'as méprisé, et ne l'as pas rendu utile; mais tu as appelé le Diable au logis, et vous êtes convenu avec lui pour vingt-quatre ans, jusqu'aujourd'hui. Il t'a été tout d'or, ce que l'Esprit t'a dit : Partant, le Diable t'a mis une sonnette au col comme à un chat. Vois-tu? tu as été une très belle créature dès ta naissance; mais tout ainsi qu'un homme porte une rose en sa main, elle est passée et écoulée; il n'en demeure rien; tu as mangé tout ton pain, tu peux bien chanter la chansonnette; tu es venu jusqu'au jour du carême-prenant, tu seras bientôt à Pâques. Tout ce que tu appelles à ton aide ne sera pas sans occasion; une saucisse rôtie à deux bouts. Du Diable il ne peut rien venir de bon; tu as eu un mauvais métier et nature, pourtant la nature ne laisse jamais la nature; ainsi un chat ne laisse jamais la souris. L'aigre principalement fait l'ameritum. Pendant que la cuiller est neuve, il en faut user à la cuisine; après, quand elle est vieille, le cuisinier la jette, d'autant que ce n'est plus que fer. N'est-il pas ainsi de toi? N'es-tu pas un vrai pot neuf, et une cuiller neuve pour le Diable? Maintenant il ne t'est point nécessaire que le marchand t'apprenne à vendre. Eu après, n'as-tu pas suffisamment fait entendre, par la préface, que Dieu t'a abandonné? De plus, mon Fauste, n'as-tu pas abusé par une témérité grande qu'en toutes tes affaires et en ton département tu t'es appelé l'ami du Diable? Tu as voulu être appelé le maître Jean en tous bourgs ou villages; ainsi pourrait être un homme fou; de vouloir jouer avec les pois au lait; quiconque veut beaucoup avoir aura fort peu. Fais maintenant cette mienne doctrine entrer dedans ton cœur; et mon enseignement, lequel tu as parfaitement oublié, c'est que tu n'avais pas bien connu où est le Diable, d'autant qu'il est le singe de Dieu. Aussi est-il un menteur et meurtrier, et la moquerie apporte diffame. Oh! si vous eussiez eu Dieu devant les yeux! mais tu t'es laissé aller. Après donc que le Diable eut assez chanté ces choses à Fauste, il disparut incontinent, et rendit le docteur tout mélancolique et troublé.

La damnation.

Les vingt-quatre ans du docteur Fauste étaient terminés, quand en la dernière semaine l'Esprit lui apparut. Il le somma sur son écrit et promesse, qu'il lui mit devant les yeux, et lui dit que le Diable, la seconde nuit d'après, lui emporterait sa personne, et qu'il en fût averti.

Le docteur Fauste, tout effrayé, se lamenta et pleura toute la nuit. Mais son esprit lui ayant apparu, lui dit : Mon ami, ne sois point de si petit courage; si tu perds ton corps, il n'y a pas besoin d'ici jusqu'à ce qu'on te fasse jugement. Néanmoins tu mourras à la fin, quand même tu vivrais cent ans : Les Turcs, les Juifs, et les empereurs qui ne sont pas chrétiens, mourront aussi, et pourront être en pareille damnation. Ne sais-tu pas bien encore qu'il t'est ordonné? Sois de bon courage, ne t'afflige pas tant, si le Diable t'a ainsi appelé. Il veut donner une âme et un corps de substance spirituelle, et tu n'endureras pas comme les damnés. Il lui donna semblables consolations, fausses cependant et contraires à l'Écriture-Sainte. Le docteur Fauste, qui ne savait pas comment payer autrement sa promesse qu'avec sa peau, alla, le jour susdit que l'Esprit lui avait prédit que le Diable l'enlèverait, trouver ses plus fidèles compagnons, maîtres bacheliers et autres étudiants, lesquels l'avaient souvent cherché, il les pria qu'ils voulussent venir avec lui au village de Romlique, situé à une demi-lieue de Wittenberg, pour s'y aller promener, et puis après prendre un souper avec lui, ce qu'ils lui accordèrent. Ils allèrent là ensemble, et y prendraient un déjeuner assez ample, avec beaucoup de préparatifs somptueux et superflus, tant en viandes qu'en vin que l'hôte leur présenta; et le docteur Fauste se tint avec eux fort plaisamment, mais ne s'y trouvait pas de bon cœur. Il les pria encore derechef qu'ils voulussent avoir agréable d'être avec lui, et souper avec lui au soir, et qu'ils demeurassent avec lui toute la nuit, qu'il avait à leur dire chose d'importance; ils le lui promirent et prirent encore un souper. Comme donc le vin du souper fut servi, le docteur Fauste contenta l'hôte et pria les étudiants qu'ils voulussent aller avec lui, en un autre poêle, et qu'il avait à quelque chose à leur dire. Cela fut fait, et le docteur Fauste parla à eux de la sorte.

Mes amis fidèles et du tout aimés du Seigneur, la raison pourquoi je vous ai appelés est que je vous connais depuis longtemps, et que vous m'avez vu traiter de beaucoup d'expériments et incantations, lesquels toutefois ne sont provenus d'ailleurs que du Diable, à laquelle volupté diabolique rien ne m'a attiré que les mauvaises compagnies qui m'ont circonvenu, et tellement que je me suis obligé au Diable; à savoir, au dedans de vingt-quatre ans, tant en corps qu'en âme. Maintenant ces vingt-quatre ans-là sont à leur fin justement à cette nuit proprement, et voici à présent, l'heure m'est présentée devant les yeux, que je serai emporté : car le temps est achevé de sa course; et il me doit enlever cette nuit, d'autant que je lui suis obligé mon corps et mon âme, si sûrement que c'est avec mon propre sang.

Finalement, et pour conclusion, la prière amiable que je vous fais est que vous vouliez vous mettre au lit et dormir en repos, et ne vous mettiez pas en peine si vous entendez quelque bruit à la maison, ne vous levez point du lit, car il ne vous arrivera aucun mal; et je vous prie, quand vous aurez trouvé mon corps que vous le fassiez mettre en terre; car je meurs comme un bon chrétien, et comme un mauvais tout ensemble; comme un bon chrétien, d'autant que j'ai une vive repentance dans mon cœur, avec un grand regret et douleur; je prie Dieu de me faire grâce, afin que mon âme puisse être délivrée. Je meurs aussi comme mauvais chrétien, d'autant que je veux bien que le Diable ait mon corps, que je lui laisse volontiers, et que seulement il me laisse avec mon âme en paix. Sur cela, je vous prie que vous vouliez vous mettre au lit, et je vous désire et souhaite la bonne nuit; mais à moi, elle sera pénible, mauvaise et épouvantable.

Le docteur Fauste fit cette déclaration avec une affection cordiale, avec laquelle il ne se montrait point autrement être affligé, ni étonné, ni abaissé de courage. Mais les étudiants étaient bien surpris de ce qu'il avait été si dévoyé, et que pour une science trompeuse, remplie d'impostures et d'illusions, il se fût ainsi mis en danger de s'être donné au Diable en corps et en âme; cela les affligeait beaucoup, car ils l'aimaient tendrement. Ils lui dirent : Ah! monsieur Fauste, où vous êtes-vous réduit, que vous ayez si longtemps tenu cela secret, sans en rien dire, et ne nous ayez point révélé plus tôt cette triste affaire? Nous vous eussions délivré de la tyrannie du Diable par le moyen des bons théologiens. Mais maintenant c'est une diffamie et une chose honteuse à votre corps et à votre âme. Le docteur Fauste leur répondit : Il ne m'a été nullement loisible de ce faire, quoique j'en aie eu souvent la volonté. Comme là-dessus un voisin m'avait averti, j'eusse suivi sa doctrine, pour me retirer de telles illusions et me convertir; mais alors que j'avais fort bien la volonté de le faire, le Diable vint qui me voulut enlever, comme il fera cette nuit, et me dit qu'aussitôt que je voudrais entreprendre de me convertir à Dieu, il m'emporterait avec soi dans l'abîme des enfers.

Comme donc ils entendirent cela du docteur Fauste, ils lui dirent : Puisque maintenant il n'y a pas moyen de vous garantir, invoquez Dieu, et le priez que, pour l'amour de son cher fils Jésus-Christ, il vous pardonne, et dites : Ah! mon Dieu! soyez miséricordieux à moi, pauvre pécheur, et ne venez point en jugement contre moi; car je ne puis pas subsister devant vous, et combien qu'il me faille laisser mon corps au Diable, veuillez néanmoins garantir mon âme : s'il plaît à Dieu, il vous garantira. Il leur dit qu'il voulait bien prier Dieu, et qu'il ne voulait pas se laisser aller comme Caïn, lequel dit que ses péchés étaient trop énormes pour en pouvoir obtenir pardon. Il leur récita aussi comme il avait fait ordonnance par écrit de sa fosse pour son enterrement. Ces étudiants et bons seigneurs donnèrent le signe de la croix sur Fauste pour se départir, pleurèrent et s'en allèrent l'un après l'autre.

Mais le docteur Fauste demeura au poêle, et comme les étudiants s'allaient mettre au lit, pas un ne put dormir; car ils voulaient entendre l'issue. Mais, entre douze et une heure de nuit, il vint dans la maison un grand vent tempétueux qui ébranla de tous côtés, comme s'il eût voulu la faire sauter en l'air, la renverser et la détruire entièrement : c'est pourquoi les étudiants pensèrent être perdus, sautèrent hors de leurs lits, et se consolaient l'un l'autre, se disant qu'ils ne sortissent point de la chambre. L'hôte s'encourut avec tous ses domestiques en une autre maison. Les étudiants qui reposaient auprès du poêle, où était le docteur Fauste, y entendirent des sifflements horribles et des hurlements épouvantables, comme si la maison eût été toute pleine de serpents, couleuvres, et autres bêtes vilaines et sales : tout cela était entré par la porte du docteur Fauste dans le poêle. Il se leva pour crier à l'aide et au meurtre, mais avec bien de la peine et à demi-voix; et un moment après on ne l'entendit plus. Comme donc il fut jour, et que les étudiants, qui n'avaient point dormi toute la nuit, furent entrés dans le poêle, où était le docteur Fauste, ils ne le trouvèrent plus, et ne virent rien, sinon le poêle tout plein de sang répandu : le cerveau s'était attaché aux murailles, d'autant que le Diable l'avait jeté de l'un à l'autre. Il y avait là aussi ses yeux et quelques dents, ce qui était un spectacle abominable et effroyable. Lors les étudiants commencèrent à se lamenter et à pleurer, et le cherchèrent d'un côté et d'autre. A la fin ils trouvèrent son corps gisant hors du poêle, ce qui était triste à voir; car le Diable lui avait écrasé la tête et cassé tous les os.

Les susdits maîtres et étudiants, après que Fauste fut ainsi mort, demeurèrent auprès de lui jusqu'à ce qu'on l'eût enterré en même lieu; après, ils s'en retournèrent à Wittemberg, et allèrent en la maison du docteur Fauste, où ils trouvèrent son serviteur Wagner, qui se trouvait fort mal, à cause de son maître. Là ils trouvèrent aussi l'histoire de Fauste toute dressée et décrite par lui-même, comme il a été récité ci-devant, mais sans la fin, laquelle a été ajoutée des maîtres et étudiants. Semblablement au même jour, Hélène enchantée avec son fils d'enchantement ne furent plus trouvés depuis, mais s'évanouirent avec lui. Il y eut aussi, puis après dans sa maison, une telle inquiétude, que personne depuis n'y a pu habiter. Fauste apparut à son serviteur Wagner, encore plein de vie, en la même nuit, et lui déclara beaucoup de choses secrètes. Et même on l'a vu encore depuis paraître à la fenêtre, qui jouait avec quiconque y fût allé.

Ainsi finit toute l'histoire de Fauste, qui est pour instruire tout bon chrétien, principalement ceux qui sont d'une tête et d'un sens capricieux, superbe, fou et téméraire, à craindre Dieu et à fuir tous les enchantements et tous les charmes du Diable, comme Dieu a commandé bien expressément, et non pas d'appeler le Diable chez eux et lui donner son consentement, comme Fauste a fait; car ceci nous est un exemple effroyable. Et tâchons continuellement d'avoir en horreur telles choses et d'aimer Dieu surtout; élevons nos yeux vers lui, adorons-le et chérissons-le de tout notre cœur, de toute notre âme et de toutes nos forces : et à l'opposite, renonçons au Diable et à tout ce qui en dépend ; et qu'ainsi nous soyons finalement bienheureux avec Notre-Seigneur. Amen. Je souhaite cela à un chacun du profond de mon cœur. Ainsi soit-il.

Soyez vigilants, et prenez garde; car votre adversaire le Diable va autour de vous, comme un lion bruyant, et cherche qui il dévorera : auquel résistez, fermes en la foi. Amen.

Cette légende, comme on le voit, n'offre aucune donnée qui se rattache à l'invention de l'imprimerie dont Faust partage l'honneur avec Guttemberg et Schæffer : Nous avons choisi la plus curieuse; mais un grand nombre d'autres constatent ce détail et supposent que Faust s'était donné au Diable pour réparer sa fortune, perdue dans les essais de son invention. Le plus ancien auteur qui ait parlé de ces documents, Conrad Durieux, pense que ces légendes ont été fabriquées par des moines, irrités de la découverte de *Johann Fust* ou *Faust*, qui leur enlevait les utiles fonctions de copistes de manuscrits. Klinger, l'auteur allemand du livre remarquable intitulé les *Aventures de Faust*, et sa descente aux enfers, a admis cette version.

Cependant à Leipsik, où l'on voit encore la cave de l'*Auerbach*, illustrée par le souvenir de Faust et de Méphistophélès (comme on le verra dans la pièce), les peintures anciennes conservées dans les arcs des voûtes et qui viennent d'être restaurées, portent la date de 1525, et l'invention de l'imprimerie date environ de 1440; il faudrait donc admettre, ou qu'il a existé deux Faust différents, ou que Faust était très vieux lorsqu'il fit un pacte avec le Diable; ce qui rentrerait, du reste, dans la supposition qu'a faite Gœthe, qu'il invoque le Diable pour se rajeunir.

Suivant l'opinion la plus accréditée, Faust naquit à Mayence où il commença par être orfèvre. Plusieurs villes, du reste, se disputent l'honneur de lui avoir donné naissance et conservent des objets qui son souvenir rend précieux; Francfort, le premier livre qu'il a imprimé; Mayence, se premières presses. On montre aussi, à Wittemberg, deux maisons qui lui ont appartenu et qu'il légua à son disciple Wagner. L'histoire du vieux Paris conserve aussi des souvenirs de Faust, qui vint apporter à Louis XI un exemplaire de la première Bible, et qui, accusé de magie, à cause de son invention même, parvint à se soustraire au bûcher, ce que l'on attribua, comme toujours, à l'intervention du Diable.

INTRODUCTION.

L'histoire de *Faust*, populaire tant en Angleterre qu'en Allemagne, et connue même en France depuis longtemps, comme on peut le voir par la *légende*, a inspiré un grand nombre d'auteurs de différentes époques. L'œuvre la plus remarquable qui ait paru sur ce sujet, avant celle de Gœthe, est un *Faust* du poète anglais Marlowe, joué en 1589, et qui n'est dépourvu ni d'intérêt ni de valeur poétique. La lutte du bien et du mal dans une haute intelligence est une des grandes idées du seizième siècle, et aussi du nôtre; seulement la forme de l'œuvre et le sens du raisonnement diffèrent, comme on peut le croire, et les deux Faust de Marlowe et de Gœthe formeraient sous le rapport un contraste intéressant à étudier. On sent dans l'un le mouvement des idées qui signalaient la naissance de la réforme; dans l'autre, la réaction religieuse et philosophique qui l'a suivie et laissée en arrière. Chez l'auteur anglais, l'idée n'est ni indépendante des nouveaux principes qui l'attaquent ; le poète est à demi enveloppé encore dans les liens de l'orthodoxie chrétienne, à demi disposé à les rompre. Gœthe, au contraire, n'a plus de préjugés à vaincre, ni de progrès philosophiques à prévoir. La religion a accompli son cercle, et l'a fermé ; la philosophie a accompli de même et fermé le sien. Le doute qui en résulte pour le penseur n'est plus une lutte à soutenir, mais un choix à faire ; et si quelque sympathie le décide à la fin pour la religion, on peut dire que son choix a été libre et qu'il avait clairement apprécié les deux côtés de cette superbe question.

La négation religieuse qui s'est formulée en dernier lieu chez nous par Voltaire, et chez les Anglais par Byron, a trouvé dans Gœthe un arbitre plutôt qu'un adversaire. Suivant dans ses ouvrages les progrès ou du moins la dernière transformation de la philosophie de son pays, ce poète a donné à tous les principes en lutte une solution complète, qu'on peut ne pas accepter, mais dont il est impossible de nier la logique savante et parfaite. Ce n'est ni de l'éclectisme ni de la fusion; l'antiquité et le moyen-âge se donnent la main sans se confondre, la matière et l'esprit se réconcilient et s'admirent; ce qui est déchu se relève; ce qui est faussé se redresse : le mauvais principe lui-même se fond dans l'universel amour. C'est le panthéisme moderne : Dieu est dans tout.

Telle est la conclusion de ce vaste poëme, le plus étonnant peut-être de notre époque, le seul qu'on puisse opposer à la fois au poëme catholique du Dante et aux chefs-d'œuvre de l'inspiration païenne. Nous devons regretter que la seconde partie de *Faust* n'ait pas toute la valeur d'exécution de la première, et que l'auteur ait trop tardé à compléter une pensée qui fut le rêve de toute sa vie. En effet l'inspiration du second *Faust*, plus haute encore peut-être que celle du premier, n'a pas toujours rencontré une forme aussi arrêtée et aussi heureuse, et bien que cet ouvrage se recommande plus encore à l'examen philosophique, on peut penser que la popularité lui manquera toujours.

En publiant la première édition de notre travail, nous citâmes en épigraphe la phrase célèbre de madame de Staël, relative à *Faust* : « Il fait réfléchir sur tout et sur quelque chose de plus que tout. » A mesure que Goëthe poursuivait son œuvre, cette pensée devenait plus vraie encore. Elle signala à la fois le défaut et la gloire de cette noble entreprise. En effet, on peut dire qu'il a fait sortir la poésie de son domaine, en la précipitant dans la métaphysique la plus aventureuse. L'art a toujours besoin d'une forme absolue et précise, au-delà de laquelle tout est trouble et confusion. Dans le premier *Faust*, cette forme existe pure et belle, la pensée critique on peut suivre tous les contours, et la tendance vers l'infini et l'impossible, vers ce qui est au-delà de tout, n'est là que le rayonnement des fantômes lumineux évoqués par le poëte.

Mais quelle forme dramatique, quelles strophes et quels rhythmes seront capables de contenir ensuite des idées que les philosophes n'ont exposées jamais qu'à l'état de rêves fébriles ? Comme *Faust* lui-même descendant vers les *Mères*, la muse du poëte ne sait où poser le pied, et ne peut même tendre son vol, dans une atmosphère où l'air manque, plus incertain que la vague et plus vide encore que l'éther. Au-delà des cercles infernaux du Dante, descendant à un abîme borné ; au-delà des régions splendides de son paradis catholique, embrassant toutes les sphères célestes, il y a encore plus loin et plus loin le vide, dont l'œil de Dieu même ne peut apercevoir la fin. Il semble que la création aille toujours s'épanouissant dans cet espace inépuisable, et que l'immortalité de l'intelligence suprême s'emploie à conquérir toujours cet empire du néant et de la nuit.

Cet infini toujours béant, qui confond la plus forte raison humaine, n'effraie point le poëte de *Faust* ; il s'attache à en donner une définition et une formule ; à cette proie mobile il tend un filet visible mais insaisissable, et toujours grandissant comme elle. Bien plus, non content d'analyser le vide et l'inexplicable de l'infini présent, il s'attaque de même à celui du passé. Pour lui comme pour Dieu sans doute, rien ne meurt, ou du moins rien ne se transforme que la matière, et les siècles écoulés se conservent tout entiers à l'état d'intelligences et d'images, dans une suite de régions concentriques, étendues à l'entour du monde matériel. A ces fantômes accomplissent encore ou rêvent d'accomplir les actions qui furent éclairées jadis par le soleil de la vie, et dans lesquelles elles ont prouvé l'individualité de leur âme immortelle. Il serait consolant de penser, en effet, que rien ne meurt de ce qui a frappé l'intelligence, et que l'éternité conserve dans son sein une sorte d'histoire universelle, visible par les yeux de l'âme, synchronisme divin, qui nous ferait participer un jour à la science de Celui qui voit d'un seul coup d'œil tout l'avenir et tout le passé.

Mais pour une telle œuvre, si vaste, si puissante, si *impossible*, — ce mot qui n'est plus français en est encore resté allemand, — il eût fallu que l'auteur n'eût pas attendu ses dernières années. En effet, le second *Faust*, œuvre fort curieuse au point de vue de la critique littéraire, n'a plus d'intérêt ni même la valeur de composition du premier. Beaucoup de grands écrivains ont eu cette même envie de donner une suite à leur chef-d'œuvre. C'est ainsi que Corneille écrivit la suite du *Menteur* ; Beaumarchais, dans la *Mère coupable*, la suite un peu sombre de son joyeux Barbier. Nous avons voulu pour compléter notre travail donner par l'analyse une idée de l'immense poëme qu'on appelle le second *Faust*. Ce complément posthume, publié seulement dans les œuvres complètes de l'auteur, ne se rattache pas directement au développement clair et précis de la première pensée, et quelles que soient souvent la poésie et la grandeur des idées de détail, elles ne forment plus cet ensemble harmonieux et correct qui a fait de Faust une œuvre immortelle. On trouvera néanmoins dans certaines parties du plan un beau reflet encore de ce puissant génie dont la faculté créatrice s'était éteinte depuis bien des années, quand il essaya de lutter avec lui-même en publiant son dernier ouvrage.

PROLOGUE SUR LE THÉATRE.

LE DIRECTEUR, LE POËTE DRAMATIQUE, LE PERSONNAGE BOUFFON.

LE DIRECTEUR.

O vous, dont le secours me fut souvent utile,
Donnez-moi vos conseils pour un cas difficile :
De ma vaste entreprise, amis, que pensez-vous ?
Je veux qu'ici le peuple abonde autour de nous,
Et de la satisfaction il faut que l'on se pique,
Car de notre existence il est la source unique.
Mais, grâce à Dieu, ce jour a comblé notre espoir,
Et le voilà là-bas, rassemblé pour nous voir,
Qui prépare à nos vœux un triomphe facile,
Et garnit tous les bancs de sa masse immobile.
Tant d'avides regards fixés sur le rideau
Ont, pour notre début, compté sur du nouveau ;
Leur on trouver est donc ma grande inquiétude :
Je sais que du sublime ils ont pris l'habitude
Mais ils ont lu beaucoup ; il leur faut à présent
Quelque chose à la fois de fort et d'amusant.
Ah ! mon spectacle, à moi, c'est d'observer la foule,
Quand le long des poteaux elle se presse et roule,
Qu'avec cris et tumulte elle vient au grand jour
De nos bureaux étroits assiéger le pourtour ;
Et que notre caissier, tout fier de sa recette,
A l'air d'un boulanger dans un jour de disette...
Mais qui peut opérer un miracle si doux ?
Un poëte, mon cher... et je l'attends de vous.

LE POËTE.

Ne me retraces point cette foule insensée,
Dont l'aspect m'épouvante et glace ma pensée,
Ce tourbillon vulgaire, et rongé par l'ennui,
Qui dans son monde oisif nous entraîne avec lui ;
Tous ses honneurs n'ont rien qui puisse me séduire :
C'est loin de son séjour qu'il faudrait me conduire,
En des lieux où le ciel m'offre ses champs d'azur,
Où, pour mon cœur charmé, fleurisse un bonheur pur,
Où l'amour, l'amitié, par un souffle céleste,
De mes illusions raniment quelque reste...
Ah ! c'est là ce cœur prompt à se consoler
Quelque chose de grand pourrait se révéler
Car les chants arrachés à l'âme trop brûlante,
Les accents bégayés par la bouche tremblante,
Tantôt frappés de mort, et tantôt couronnés,
Au gouffre de l'oubli sont toujours destinés ;
Des accords moins brillants, fruits d'une longue veille,
De la postérité charmeraient mieux l'oreille ;
Ce qui s'accorde trop vite est bien près de finir ;
Mais un laurier tardif grandit dans l'avenir.

LE BOUFFON.

Oh ! la postérité ! c'est un mot bien sublime !
Mais le siècle présent a droit à quelque estime ;
Et si pour l'avenir je travaillais aussi,
Il faudrait plaindre enfin les gens de ce temps-ci :
Ils montrent seulement cette honnête exigence
De vouloir s'amuser avant leur descendance...
Moi, je fais de mon mieux à les mettre en gaîté,
Plus le cercle est nombreux, plus j'en suis écouté !
Pour vous qui pouvez tendre à d'illustres suffrages,
A votre siècle aussi consacrez vos ouvrages ;
Ayez le sentiment, la passion, la feu,
C'est tout... et la folie ! il en faut bien un peu.

LE DIRECTEUR.

Surtout de nos décors déployez la richesse,
Qu'un tableau varié dans le cadre se presse,
Offrez un univers aux spectateurs surpris...
Pourquoi vient-on ? pour voir ; on veut voir à tout prix.
Sachez donc par l'EFFET conquérir leur estime,
Et vous serez pour eux un poëte sublime.
Sur la masse, mon cher, la masse doit agir :
D'après son goût, chacun voulant toujours choisir,
Trouve ce qu'il lui faut où la matière abonde,
Et qui donne beaucoup donne pour tout le monde.
Que votre ouvrage aussi se divise aisément ;
Un plan trop régulier n'offre nul agrément ;
Le public prise peu de pareils tours d'adresse,
Et vous mettrait bien vite en pièces votre pièce.

LE POËTE.

Quels que soient du public la menace ou l'accueil,

Un semblable métier répugne à mon orgueil :
A ce que je puis voir, l'ennuyeux barbouillage
De nos auteurs du jour obtient votre suffrage.

LE DIRECTEUR.

Je ne repousse pas de pareils arguments ;
Qui veut bien travailler choisit ses instruments ;
Pour vous, examinez ce qui vous reste à faire,
Et voyez quels sont ceux à qui vous voulez plaire.
Tout maussade d'ennui, chez nous l'un vient d'entrer ;
L'autre sort d'un repas qu'il lui faut digérer ;
Plusieurs, et le dégoût chez eux est encor pire,
Amateurs de journaux, achèvent de les lire :
Ainsi qu'au bal masqué, l'on entre avec fracas,
La curiosité de tous hâte les pas ;
Les hommes viennent voir ; les femmes, au contraire,
Veulent se faire voir... C'est leur but ordinaire !
Qu'allez-vous cependant rêver sur l'Hélicon ?
Pour plaire à ces gens-là faut-il tant de façon !
Osts fixer les yeux sur ces juges terribles !
Les uns sont hébétés, les autres insensibles ;
En sortant, l'un au jeu compte passer la nuit ;
Un autre chez sa belle ira coucher sans bruit.
Maintenant, pauvre fou, si cela vous amuse,
Prostituez-leur donc l'honneur de votre muse !
Non !... mais je le répète, et croyez mes discours,
Donnez-leur du nouveau, donnez-leur-en toujours ;
Agitez ces esprits qu'on ne peut satisfaire...
Mais, qu'est-ce qui vous prend ? est-ce extase ? colère ?

LE POÈTE.

Cherche un autre valet ! tu méconnais en vain
Le devoir du poète et son emploi divin !
Comment les cœurs à lui viennent-ils se soumettre ?
Comment des éléments dispose-t-il en maître ?
N'est-ce point par l'accord, dont le charme vainqueur
Reconstruit l'univers dans le fond de son cœur ?
Tandis que la nature à ses fuseaux démêle
Tous les fils animés de sa trame éternelle ;
Quand les êtres divers, en tumulte pressés,
Poursuivent tristement les siècles commencés ;
Qui sait assujétir la matière au génie !
Soumettre l'action aux lois de l'harmonie ?
Dans l'ordre universel, qui sait faire rentrer
L'être qui se révolte ou qui peut s'égarer ?
Qui sait, par des accents plus ardents ou plus sages,
Des passions du monde émouvoir les orages,
Ou dans des cœurs flétris par les coups du destin,
D'un jour moins agité ramener le matin ?
Qui, le long du sentier foulé par une amante,
Vient semer du printemps la parure éclatante ?
Qui peut récompenser les arts, et monnayer
Les faveurs de la gloire en feuilles de laurier ?
Qui protège les dieux ? qui soutient l'Empyrée !
La Puissance de l'homme en nous seuls déclarée.

LE BOUFFON.

C'est bien, je fais grand cas du génie et de l'art ;
Usez-en, mais laissez quelque chose au Hasard,
C'est l'amour, c'est la vie... on se voit, on s'enchaîne,
Qui sait comment ? La pente est douce et vous entraîne ;
Puis, sitôt qu'au bonheur on s'est cru destiné,
Le chagrin vient ; voilà le roman terminé !...
Tenez, c'est justement ce qu'il vous faudra peindre ;
Dans l'existence, ami, lancez-vous sans rien craindre ;
Tout le monde y prend part, et fait sans le savoir
Des choses que vous seul pourrez comprendre et voir !
Mettez un peu de vrai parmi beaucoup d'images,
D'un seul rayon de jour colorez vos nuages ;
Alors, vous êtes sûr d'avoir tout surmonté ;
Alors, votre auditoire est aisé, transporté !...
Il leur faut une glace et non une peinture.
Qu'ils viennent les soirs y mirer leur figure :
N'oubliez pas l'amour, c'est par là seulement
Qu'on soutient la recette et l'applaudissement.
Allumez un foyer durable, où la jeunesse
Vienne puiser des feux et se nourrir sans cesse ;
A l'homme fait ceci ne pourrait convenir,
Mais comptez sur celui qui veut le devenir.

LE POÈTE.

Eh bien ! rends-moi ces temps de mon adolescence
Où je n'étais moi-même encor qu'un espérance ;
Cet âge si fécond en chants mélodieux,
Tant qu'un monde pervers n'effraya point mes yeux ;
Tant que, loin des honneurs, mon cœur ne fut avide
Que des fleurs, doux trésor d'une vallée humide !
Dans mon songe doré, je m'en allais chantant,
Je ne possédais rien, j'étais heureux pourtant !
Rends-moi donc ces désirs qui fatiguaient ma vie,
Ces chagrins déchirants, mais qu'à présent j'envie,
Ma jeunesse !... En un mot, sache en moi ranimer
La force de haïr et le pouvoir d'aimer !

LE BOUFFON.

Cette jeunesse ardente, à ton âme si chère,
Pourrait, dans un combat, t'être fort nécessaire,
Ou bien si la beauté t'accordait un sourire,
Si de la course encor tu disputais le prix,
Si d'une heureuse nuit tu recherchais l'ivresse...
Mais toucher l'occasion au vol avec grâce et paresse,
Au but qu'on te désigne arriver en chantant,
Vieillard, c'est là de toi tout ce que l'on attend

LE DIRECTEUR.

Allons ! des actions !... les mots sont inutiles ;
Gardez pour d'autres temps vos compliments futiles !
Quand vous ne faites rien, à quoi bon, s'il vous plaît,
Nous dire seulement ce qui doit être fait ?
Usez donc de votre art, si vous êtes poète !
La foule veut du neuf, qu'elle soit satisfaite !
A contenter ses goûts il faut nous attacher ;
Qui tient l'occasion ne doit point la lâcher.
Mais, à notre public tout en cherchant à plaire,
C'est on osant beaucoup qu'il faut le satisfaire ;
Ainsi, ne m'épargnez machines ni décors,
A tous mes magasins ravissez leurs trésors,
Semez à pleines mains la lune, les étoiles,
Les arbres, l'Océan, et les rochers de toiles ;
Peuplez-moi tout cela de bêtes et d'oiseaux.
De la création déroulez les tableaux,
Et passez au travers de la nature entière,
Et de l'enfer au ciel, et du ciel à la terre.

PROLOGUE DANS LE CIEL.

LE SEIGNEUR, LES MILICES CÉLESTES, ENSUITE MÉPHISTOPHÉLÈS.

(Les trois archanges s'avancent.)

RAPHAËL. — Le soleil résonne sur le mode antique dans le chœur harmonieux des sphères ; et sa course ordonnée s'accomplit avec la rapidité de la foudre.
Son aspect donne la force aux anges, quoiqu'ils ne puissent le pénétrer. Les merveilles de la création sont inexplicables et magnifiques comme à son premier jour.

GABRIEL. — La terre parée tourne sur elle-même avec une incroyable vitesse. Elle passe tour à tour du jour pur de l'Éden aux ténèbres effrayantes de la nuit.
La mer écumante bat de ses larges ondes le pied des rochers, et rochers et mers sont emportés dans le cercle éternel des mondes.

MICHEL. — La tempête s'élance de la terre aux mers et des mers à la terre, et les ceint d'une chaîne aux secousses furieuses ; l'éclair trace devant la foudre un lumineux sentier. Mais plus haut tes messagers, Seigneur, adorent l'éclat paisible de ton jour.

TOUS TROIS. — Son aspect, etc.

MÉPHISTOPHÉLÈS. — Maître, puisqu'une fois tu te rapproches de nous, puisque tu veux connaître comment les choses vont en bas, et que d'ordinaire tu te plais à mon entretien, je viens vers toi dans cette foule. Pardonne si je m'exprime avec moins de solennité : je crains bien de me faire huer par la compagnie ; mais le pathos dans ma bouche te ferait rire assurément, si depuis longtemps tu n'en avais perdu l'habitude. Je n'ai rien à dire du soleil et des sphères, mais je vois seulement comme les hommes se tourmentent. Le petit dieu du monde est encore de la même trempe et bizarre comme au premier jour. Il vivrait, le pauvre, plus convenablement, si tu ne lui avais frappé le cerveau d'un rayon de la céleste lumière. Il a nommé cela raison, et ne l'emploie qu'à se gouverner plus bêtement que les bêtes. Il ressemble (si ta Seigneurie le permet) à ces cigales aux longues jambes, qui s'en vont sautant et voletant dans l'herbe, en chantant leur vieille chanson. Et s'il restait toujours dans l'herbe ! mais non, il faut qu'il aille encore donner du nez contre tous les tas de fumier.

LE SEIGNEUR. — N'as-tu rien de plus à nous dire ? Ne viendras-tu jamais que pour te plaindre ? Et n'y a-t-il, selon toi, rien de bon sur la terre ?

MÉPHISTOPHÉLÈS. — Rien, Seigneur : tout y va parfaitement mal, comme toujours ; les hommes me font pitié dans leurs jours de misère, au point que je me fais conscience de tourmenter cette pauvre espèce.

LE SEIGNEUR. — Connais-tu Faust ?

MÉPHISTOPHÉLÈS. — Le docteur ?

Le Seigneur. — Mon serviteur.

Méphistophélès. — Sans doute. Celui-là vous sert d'une manière étrange. Chez ce fou rien de terrestre, pas même le boire et le manger. Toujours son esprit chevauche dans les espaces, et lui-même se rend compte à moitié de sa folie. Il demande au ciel ses plus belles étoiles et à la terre ses joies les plus sublimes, mais rien de loin ni de près ne suffit à calmer la tempête de ses désirs.

Le Seigneur. — Il me cherche ardemment dans l'obscurité, et je veux bientôt le conduire à la lumière. Dans l'arbuste qui verdit, le jardinier distingue déjà les fleurs et les fruits qui se développeront dans la saison suivante.

Méphistophélès. — Voulez-vous gager que celui-là, vous le perdrez encore ! Mais laissez-moi le choix des moyens pour l'entraîner doucement dans mes voies.

Le Seigneur. — Aussi longtemps qu'il vivra sur la terre, il t'est permis de l'induire en tentation. Tout homme qui marche peut s'égarer.

Méphistophélès. — Je vous remercie. J'aime avoir affaire aux vivants. J'aime les joues pleines et fraîches. Je suis comme le chat, qui ne se soucie guère des souris mortes.

Le Seigneur. — C'est bien, je le permets. Écarte cet esprit de sa source, et conduis-le dans ton chemin, si tu peux ; mais sois confondu, s'il te faut reconnaître qu'un homme de bien, dans la tendance confuse de sa raison, sait distinguer et suivre la voie étroite du Seigneur.

Méphistophélès. — Il ne te suivra pas longtemps, et ma gageure n'a rien à craindre. Si je réussis, vous me permettrez bien d'en triompher à loisir. Je veux qu'il mange la poussière avec délices, comme le serpent mon cousin.

Le Seigneur. — Tu pourras toujours te présenter ici librement. Je n'ai jamais haï tes pareils. Entre les esprits qui nient, l'esprit de ruse et de malice me déplaît le moins de tous. L'activité de l'homme se relâche trop souvent ; il est enclin à la paresse, et j'aime à lui voir un compagnon actif, inquiet, et qui même peut créer au besoin comme le diable. Mais vous, les vrais enfants du ciel, réjouissez-vous dans la beauté vivante où vous nagez ; que la puissance qui vit et opère éternellement vous retienne dans les douces barrières de l'amour, et sachez affermir dans vos pensées durables les tableaux vagues et changeants de la création.

(Le ciel se ferme, les archanges se séparent.)

Méphistophélès. — J'aime à visiter de temps en temps le vieux Seigneur, et je me garde de rompre avec lui. C'est fort bien de la part d'un si grand personnage de parler lui-même au diable avec tant de bonhomie.

FAUST

PREMIÈRE PARTIE.

La nuit.

(Dans une chambre à voûte élevée, étroite, gothique, Faust, inquiet, est assis devant son pupitre.)

Faust. — Philosophie, hélas ! jurisprudence, médecine, et toi aussi, triste théologie !... je vous ai donc étudiées à fond avec ardeur et patience ; et maintenant me voilà, pauvre fou, tout aussi sage que devant. Je m'intitule, il est vrai, Maître, Docteur, et depuis dix ans je promène çà et là mes élèves par le nez... Et je vois bien que nous ne pouvons rien connaître !... Voilà ce qui me brûle le sang ! J'en sais plus, il est vrai, que tout ce qu'il y a de sots, de docteurs, de maîtres, d'écrivains et de moines au monde ! Ni scrupule ni doute ne me tourmentent plus ! Je ne crains rien du diable, ni de l'enfer ; mais aussi toute joie m'est enlevée. Je ne crois pas savoir rien de bon, en effet, ni pouvoir rien enseigner aux hommes pour les améliorer et les convertir. Aussi n'ai-je ni bien, ni argent, ni honneur, ni domination dans le monde : un chien ne voudrait pas de la vie à ce prix ! Il ne me reste désormais qu'à me jeter dans la magie. Ah ! si la force de l'esprit et de la parole me dévoilait les secrets que j'ignore, et si je n'étais plus obligé de dire péniblement ce que je ne sais pas ; si enfin je pouvais connaître tout ce que le monde cache en lui-même, et, sans m'attacher davantage à des mots inutiles, voir ce que la nature contient de secrète énergie et de semences éternelles ! Astre à la lumière argentée, lune silencieuse, daigne pour la dernière fois jeter un regard sur ma peine !... J'ai si souvent la nuit veillé près de ce pupitre ! C'est alors que tu m'apparaissais sur un amas de livres et de papiers, mélancolique amie ! Ah ! que ne puis-je, à la douce clarté, gravir les hautes montagnes, errer dans les cavernes avec les esprits, danser sur le gazon pâle des prairies, oublier toutes les misères de la science, et me baigner rajeuni dans la fraîcheur de la rosée !

Hélas ! et je languis encore dans mon cachot ! Misérable trou de muraille, où la douce lumière du ciel ne peut pénétrer qu'avec peine à travers ces vitrages peints, à travers cet amas de livres poudreux et vermoulus, et de papiers entassés jusqu'à la voûte. Je n'aperçois autour de moi que verre, boîtes, instruments, meubles pourris, héritage de mes ancêtres... Et c'est là ton monde, et cela s'appelle un monde !

Et tu demandes encore pourquoi ton cœur se serre dans ta poitrine avec inquiétude, pourquoi une douleur secrète entrave en toi tous les mouvements de la vie ! Tu le demandes !... Et au lieu de la nature vivante dans laquelle Dieu t'a créé, tu n'es environné que de fumée et moisissure, dépouilles d'animaux et ossements de morts !

Délivre-toi ! Lance-toi dans l'espace ! Ce livre mystérieux, tout écrit de la main de Nostradamus, ne suffit-il pas pour te conduire ? Tu pourras connaître alors le cours des astres ; alors, si la nature daigne t'instruire, l'énergie de l'âme te sera communiquée comme un esprit à un autre esprit. C'est en vain que, par un sens aride, tu voudrais ici t'expliquer les signes divins... Esprits qui nagez près de moi, répondez-moi, si vous m'entendez ! (Il frappe le livre, et considère le signe du macrocosme.) Ah ! quelle extase à cette vue s'empare de moi ! Je crois sentir une vie nouvelle, sainte et bouillonnante, circuler dans mes nerfs et dans mes veines. Sont-ils tracés par la main d'un Dieu, ces caractères qui apaisent les douleurs de mon âme, environt de joie mon pauvre cœur, et dévoilent autour de moi les forces mystérieuses de la nature ? Suis-je moi-même un Dieu ? Tout me devient si clair ! Dans ces simples traits, le monde révèle à mon âme tout le mouvement de sa vie, toute l'énergie de sa création. Déjà je reconnais la vérité des paroles du sage : « Le « monde des esprits n'est point fermé ; ton sens est assoupi, ton « cœur est mort. Lève-toi, disciple, et va baigner infatigablement « ton sein mortel dans les rayons pourprés de l'aurore ! » (Il regarde le signe.) Comme tout se meut, dans l'univers ! Comme tout l'un dans l'autre agit et vit de la même existence ! Comme les puissances célestes montent et descendent en se passant de mains en mains les seaux d'or ! Du ciel à la terre, elles répandent une rosée qui rafraîchit le sol aride, et l'agitation de leurs ailes remplit les espaces sonores d'une ineffable harmonie.

Quel spectacle ! Mais, hélas ! ce n'est qu'un spectacle ! Où te saisir, nature infinie ? Ne pourrai-je donc aussi presser tes mamelles, où le ciel et la terre demeurent suspendus ? Je voudrais m'abreuver de ce lait intarissable... mais il coule partout, il inonde tout, et moi je languis vainement après lui ! (Il frappe le livre avec dépit, et considère le signe de l'« Esprit de la terre ».) Comme ce signe opère différemment sur moi ! Esprit de la terre, tu te rapproches ; déjà je sens mes forces s'accroître ; déjà je pétille comme d'une liqueur nouvelle : je me sens le courage de me risquer dans le monde, d'en supporter les peines et les prospérités ; de lutter contre l'orage, et de ne point pâlir des craquements de mon vaisseau. Des nuages s'entassent au-dessus de moi... La lune cache sa lumière... la lampe s'éteint ! Elle fume !... Des rayons ardents se meuvent autour de ma tête. Il tombe de la voûte un frisson qui me saisit et m'oppresse. Je sens que tu t'agites autour de moi, Esprit que j'ai invoqué ! Ah ! comme mon sein se déchire ! mes sens s'ouvrent à des impressions nouvelles ! Mon cœur s'abandonne à toi !... Parais ! parais ! m'en coûtât-il la vie !

(Il saisit le livre, et prononce les signes mystérieux de l'Esprit. Il s'allume une flamme rouge, l'Esprit apparaît dans la flamme.)

L'Esprit. — Qui m'appelle ?
Faust. — Effroyable vision !
L'Esprit. — Tu m'as évoqué. Ton souffle agissait sur ma sphère et m'en tirait avec violence. Et maintenant...
Faust. — Ah ! je ne puis soutenir ta vue !
L'Esprit. — Tu aspirais si fortement vers moi ! Tu voulais me voir et m'entendre. Je cède au désir de ton cœur. — Me voici. Quel misérable effroi saisit la nature surhumaine ! Qu'as-tu fait de ce haut désir, de ce cœur qui créait un monde en soi-même, qui le portait et le fécondait, n'ayant pas assez de l'autre, et ne tendant qu'à nous égaler nous autres esprits ! Faust, où es-tu ? Toi, qui m'attirais ici de toute ta force et de toute ta voix, est-ce bien toi-même, que l'effroi glace jusque dans les sources de la vie et prosterne devant moi comme un lâche insecte qui rampe ?
Faust. — Pourquoi te céderais-je, fantôme de flamme ? Je suis Faust, je suis ton égal.
L'Esprit. — Dans l'océan de la vie, et dans la tempête de l'action, je monte et descends, je vais et je viens ! Naissance et tombe ! Mer éternelle, trame changeante, vie énergique, dont j'ourdis au métier bourdonnant du temps les tissus impérissables, vêtements animés de Dieu !
Faust. — Esprit créateur, qui ondoies autour du vaste univers, combien je me sens fort près de toi !

L'Esprit. — Tu es l'égal de l'esprit que tu conçois, mais tu n'es pas égal à moi. (Il disparaît.)

Faust, tombant à la renverse. — Pas à toi !... A qui donc ?... moi ! l'image de Dieu ! Pas seulement à toi ! (On frappe.) O mort ! Je m'en doute ; c'est mon serviteur. Et voilà tout l'éclat de ma félicité réduit à rien !... Faut-il qu'une vision aussi sublime se trouve anéantie par un misérable valet !

Vagner, en robe de chambre et bonnet de nuit, une lampe à la main. Faust se détourne avec mauvaise humeur.

Vagner. — Pardonnez ! Je vous entendais déclamer ; vous lisez sûrement une tragédie grecque, et je pourrais profiter dans cet art, qui est aujourd'hui fort en faveur. J'ai entendu dire souvent qu'un comédien peut en remontrer à un prêtre.

Faust. — Oui, si le prêtre est un comédien, comme il peut bien arriver de notre temps.

Vagner. — Ah ! quand on est ainsi relégué dans son cabinet, et qu'on voit le monde à peine les jours de fêtes, et de loin seulement, au travers d'une lunette, comment peut-on aspirer à le conduire au jour par la persuasion ?

Faust. — Vous n'y atteindrez jamais si vous ne sentez pas fortement ; si l'inspiration ne se presse pas hors de votre âme, et si, par la plus violente émotion, elle n'entraîne pas les cœurs de tous ceux qui doutent. Allez donc vous concentrer en vous-même, mêler et réchauffer ensemble les restes d'un autre festin, pour en former un petit ragoût... faites jaillir une misérable flamme du tas de cendres où vous soufflez !... Alors vous pourrez vous attendre à l'admiration des enfants et des singes, si le cœur vous en dit ; mais jamais vous n'agirez sur celui des autres, si votre éloquence ne part pas du cœur même.

Vagner. — Mais le débit fait le bonheur de l'orateur ; et je sens bien que je suis encore loin de compte.

Faust. — Cherchez donc un succès honnête, et ne vous attachez point aux grelots d'une brillante folie ; il ne faut pas tant d'art pour faire supporter la raison et le bon sens, et si vous avez à dire quelque chose de sérieux, ce n'est point aux mots qu'il faut vous appliquer davantage. Oui, vos discours si brillants, où vous parez si bien les bagatelles de l'humanité, sont stériles comme le vent brumeux de l'automne qui murmure parmi les feuilles séchées.

Vagner. — Ah Dieu ! l'art est long, et notre vie est courte ! Pour moi, au milieu de mes travaux littéraires, je me sens souvent mal à la tête et au cœur. Que de difficultés n'y a-t-il pas à trouver le moyen de remonter aux sources ! Et un pauvre diable peut bien mourir avant d'avoir fait la moitié du chemin.

Faust. — Un parchemin serait-il donc la source divine où notre âme peut apaiser sa soif éternelle ? Vous n'êtes pas consolé, si la consolation ne jaillit point de votre propre cœur.

Vagner. — Pardonnez-moi ! C'est une grande jouissance que de se transporter dans l'esprit des temps passés, de voir comme un sage a pensé avant nous, et comment, partis de loin, nous l'avons si victorieusement dépassé.

Faust. — Oh ! sans doute ! jusqu'aux étoiles. Mon ami, les siècles écoulés sont pour nous le livre aux sept cachets ; ce que vous appelez l'esprit des temps n'est au fond que l'esprit même des auteurs, où les temps se réfléchissent. Et c'est vraiment une misère le plus souvent ! Le premier coup d'œil suffit pour vous mettre en fuite. C'est comme un sac à immondices, un vieux garde-meuble, ou plutôt une de ces parades de place publique, remplies de belles maximes de morale, comme on en met d'ordinaire dans la bouche des marionnettes !

Vagner. — Mais le monde ! le cœur et l'esprit des hommes !... Chacun peut bien désirer d'en connaître quelque chose.

Faust. — Oui, ce qu'on appelle connaître. Qui osera nommer l'enfant de son nom véritable ? Le peu d'hommes qui ont su quelque chose, et qui ont été assez fous pour ne point garder leur secret dans leur propre cœur, ceux qui ont découvert au peuple leurs sentiments et leurs vues, ont été de tout temps crucifiés et brûlés. — Je vous prie, mon ami, de vous retirer. Il se fait tard ; nous en resterons là pour cette fois.

Vagner. — J'aurais veillé plus longtemps volontiers, pour profiter de l'entretien d'un homme aussi instruit que vous ; mais demain, comme au jour de Pâques dernier, vous voudrez bien me permettre une autre demande, je me suis abandonné à l'étude avec zèle, et je sais beaucoup, il est vrai, mais je voudrais tout savoir. (Il sort.)

Faust, seul. — Comme toute espérance n'abandonne jamais une pauvre tête ! Celui-ci ne s'attache qu'à des bagatelles, sa main avide creuse la terre pour chercher des trésors ; mais qu'il trouve un vermisseau, et le voilà content.

Comment la voix d'un tel homme a-t-elle osé retentir en ces lieux, où le souffle de l'esprit vient de m'environner ? Cependant, hélas ! je te remercie pour cette fois, ô le plus misérable des enfants de la terre ! Tu m'arraches au désespoir qui allait dévorer ma raison. Ah ! l'apparition était si gigantesque, que je dus vraiment me sentir comme un nain vis-à-vis d'elle.

Moi, l'image de Dieu, qui me croyais déjà parvenu au miroir de l'éternelle vérité ; qui, dépouillé, isolé des enfants de la terre, aspirais à toute la clarté du ciel ; moi qui croyais, supérieur aux chérubins, pouvoir nager librement dans les veines de la nature, et ordateur aussi, jouir de la vie d'un Dieu, ai-je pu mesurer mes pressentiments à une telle élévation !... Et combien je dois expier tant d'audace ! Une parole foudroyante vient de me rejeter bien loin !

N'ai-je pas prétendu t'égaler ?... Mais si j'ai possédé assez de force pour t'attirer à moi, il ne m'en est plus resté pour t'y retenir. Dans cet heureux moment, je me sentais tout à la fois si petit et si grand ! tu m'as cruellement repoussé dans l'incertitude de l'humanité. Qui m'instruira désormais, et que dois-je éviter ? Faut-il obéir à cette impulsion ? Ah ! nos actions mêmes, aussi bien que nos souffrances, arrêtent le cours de notre vie.

Une matière de plus en plus étrangère à nous s'oppose à tout ce que l'esprit conçoit de sublime ; quand nous atteignons aux biens de ce monde, nous traitons de mensonge et de chimère tout ce qui vaut mieux qu'eux. Les nobles sentiments qui nous donnent la vie languissent étouffés sous les sensations de la terre.

L'imagination, qui, déployant la hardiesse de son vol, a voulu, pleine d'espérance, s'étendre dans l'éternité, se contente alors d'un petit espace, dès qu'elle voit tout ce qu'elle rêvait de bonheur s'évanouir dans l'abîme du temps. Au fond de notre cœur, l'inquiétude vient s'établir, elle y produit de secrètes douleurs, elle s'y agite sans cesse, en y détruisant joie et repos ; elle se pare toujours de masques nouveaux : c'est tantôt une maison, une cour ; tantôt une femme, un enfant ; c'est encore du feu, de l'eau, un poignard, du poison... Nous tremblons devant tout ce qui ne nous atteindra pas, et nous pleurons sans cesse ce que nous n'avons point perdu !

Je n'égale point Dieu ! Je le sens trop profondément ; je me ressemble qu'au ver, habitant de la poussière, au ver, que le pied du voyageur écrase et ensevelit pendant qu'il y cherche une nourriture.

N'est-ce donc point la poussière même, tout ce que cette haute muraille me conserve sur cent tablettes ? toute cette friperie dont les bagatelles m'enchaînent à ce monde de vers ?... Dois-je trouver ici ce qui me manque ? Il me faudra peut-être lire dans ces milliers de volumes, pour y voir que les hommes se sont tourmentés sur tout, et que çà et là un heureux n'est montré sur la terre ! — O toi, pauvre crâne vide, pourquoi sembles-tu m'adresser ton ricanement ? Est-ce pour me dire qu'il a été un temps où ton cerveau fut, comme le mien, rempli d'idées confuses ? qu'il cherchait la grande journée, et qu'au milieu d'un triste crépuscule il errait misérablement dans la recherche de la vérité ? Instruments que je vois ici, vous avez l'air de me narguer avec toutes vos roues, vos dents, vos anses et vos cylindres ! J'étais à la porte, et vous deviez me servir de clef. Vous êtes, il est vrai, plus hérissés qu'une clef ; mais vous ne levez pas les verrous. Mystérieuse au grand jour, la nature ne se laisse point dévoiler, et il n'est ni levier ni machine qui puisse la contraindre à faire voir à mon esprit ce qu'elle a résolu de lui cacher. Si tout ce vieil attirail, qui jamais ne me fut utile, se trouve ici, c'est que mon père l'y ressembla. Poulie antique, la sombre lampe de mon pupitre t'a longtemps noircie ! Ah ! j'aurais bien mieux fait de dissiper le peu qui m'est resté, que d'en embarrasser mes veilles ! — Ce que tu as hérité de ton père, acquiers-le pour le posséder. Ce qui ne sert point est un pesant fardeau, mais ce que l'esprit peut créer en un instant, voilà ce qui est utile !

Pourquoi donc mon regard s'élève-t-il toujours vers ce lieu ? Ce petit flacon a-t-il pour les yeux un attrait magnétique ? Pourquoi tout à coup me semble-t-il que mon esprit jouit de plus de lumière, comme une forêt sombre où la lune jette un rayon de sa clarté ?

Je te salue, fiole solitaire que je saisis avec un pieux respect ! en toi j'honore l'esprit de l'homme et son industrie. Rempli d'un extrait des sucs les plus doux, favorables au sommeil, tu contiens aussi toutes les forces qui donnent la mort ; accorde tes faveurs à celui qui te possède ! Je te vois, et ma douleur s'apaise ; je te saisis, et mon agitation diminue, et la tempête de mon esprit se calme peu à peu ! Je me sens entraîné dans le vaste Océan, le miroir des eaux marines se déroule silencieusement à mes pieds, un nouveau jour me luit sur des plages inconnues.

Un char de feu plane dans l'air, et ses ailes rapides s'abattent près de moi ; je me sens prêt à tenter des chemins nouveaux dans la plaine des cieux, au travers de l'activité des sphères nouvelles. Mais cette existence sublime, ces ravissements divins, comment, ver chétif, peux-tu les mériter ?... C'est en cessant d'exposer ton corps au doux soleil de la terre ; en te hasardant à enfoncer ces portes devant lesquelles chacun frémit. Voici le temps de prouver par des actions que la dignité de l'homme ne le cède point à la grandeur d'un Dieu Il ne faut pas trembler devant ce gouffre obscur, où l'imagination se condamne à ses propres tourments ; devant cette étroite avenue où tout l'enfer étincelle !... ose d'un pas hardi aborder ce passage : au risque même d'y rencontrer le néant !

Sors maintenant, coupe d'un pur cristal, sors de ton vieil étui, où je t'oubliai pendant de si longues années. Tu brillais jadis aux festins de mes pères, tu déridais les plus sérieux convives, qui te passaient de mains en mains ; chacun se faisait un devoir, lorsque venait mon tour, de célébrer en vers la beauté des chaînures qui t'environnent, et de te vider d'un seul trait. Tu me rappelles les nuits de ma jeunesse; je ne l'offrirai plus à aucun voisin, je ne célébrerai plus tes ornements précieux. Voici une liqueur que je dois boire pleinement, elle me remplit de ses flots noirâtres; je l'ai préparée, je l'ai choisie, elle sera ma boisson dernière, et je la consacre avec toute mon âme, comme libation solennelle, à l'aurore d'un jour plus beau. (Il porte la coupe à sa bouche. Son des cloches et chants des chœurs.)

CHŒUR DES ANGES.

Christ est ressuscité ! Joie au mortel qui languit ici-bas dans les liens du vice et de l'iniquité !

FAUST. — Quels murmures sourds, quels sons éclatants, arrachent puissamment la coupe à mes lèvres altérées ? Le bourdonnement des cloches annonce-t-il déjà la première heure de la fête de Pâques ? Les chœurs divins entonnent-ils les chants de consolation, qui, partis de la nuit du tombeau, et répétés par les lèvres des anges, furent le premier gage d'une alliance nouvelle ?

CHŒUR DES FEMMES.

D'huiles embaumées, nous, ses fidèles, avions baigné ses membres nus ! Nous l'avions couché dans la tombe, ceint de bandelettes et de fins tissus ! Et cependant, hélas ! le Christ n'est plus ici ! Nous ne le trouvons plus !

CHŒUR DES ANGES.

Christ est ressuscité ! Heureuse l'âme aimante, qui supporte l'épreuve des tourments et des injures avec une humble piété !

FAUST. — Pourquoi, chants du ciel, chants puissants et doux, me cherchez-vous dans la poussière ? Retentissez pour ceux que vous touchez encore. J'écoute bien la nouvelle que vous apportez; mais la foi me manque pour y croire ; le miracle est l'enfant le plus chéri de la foi. Pour moi, je n'ose aspirer à cette sphère où retentit l'annonce de la bonne nouvelle; et cependant, par ces chants dont mon enfance fut bercée , je me sens rappelé dans la vie. Autrefois le baiser de l'amour céleste descendait sur moi, pendant le silence solennel du dimanche; alors le son grave des cloches me remplissait de doux pressentiments, et une prière était la jouissance la plus ardente de mon cœur; des désirs aussi incompréhensibles que purs m'entraînaient vers les forêts et les prairies, et dans un torrent de larmes délicieuses, tout un monde inconnu se révélait à moi. Ces chants précédaient les jeux aimables de la jeunesse et les plaisirs de la fête du printemps : ce souvenir, tout plein de sentiments d'enfance, m'arrête au dernier pas que j'allais hasarder. Oh ! retentissez encore, doux cantiques du ciel ! mes larmes coulent, la terre m'a reconquis !

CHŒUR DES DISCIPLES.

Il s'est élancé de la tombe, plein d'existence et de majesté ! Il approche du séjour des joies impérissables ! Hélas ! et nous voici replongés seuls dans les misères de ce monde ! Il nous laisse languir ici-bas, nous, ses fidèles ! O maître ! nous souffrons de ton bonheur !

CHŒUR DES ANGES.

Christ est ressuscité de la corruption ! En allégresse, rompez vos fers ! O vous ! qui le glorifiez par l'action, et qui témoignez de lui par l'amour ; vous qui partagez avec vos frères, et qui marchez en prêchant sa parole ! Voici le maître qui vient vous promettant les joies du ciel ! Le Seigneur approche, il est ici !

Devant la porte de la ville.

PROMENEURS SORTANT EN TOUS SENS.

PLUSIEURS COMPAGNONS OUVRIERS. — Pourquoi allez-vous par là ?
D'AUTRES. — Nous allons au rendez-vous de chasse.
LES PREMIERS. — Pour nous, nous gagnons le moulin.
UN OUVRIER. — Je vous conseille d'aller plutôt vers l'étang.
UN AUTRE. — La route n'est pas belle de ce côté-là.
TOUS DEUX ENSEMBLE. — Que fais-tu, toi ?
UN TROISIÈME. — Je vais avec les autres.
UN QUATRIÈME. — Venez donc à Burgdorf ; vous y trouverez pour sûr les plus jolies filles, la plus forte bière et des intrigues du meilleur genre.
UN CINQUIÈME. — Tu es un plaisant compagnon ! l'épaule te démange-t-elle pour la troisième fois ! Je n'y vais pas, j'ai trop peur de cet endroit-là.
UNE SERVANTE. — Non, non, je retourne à la ville.
UNE AUTRE. — Nous le trouverons sans doute sous ces peupliers.
LA PREMIÈRE. — Ce n'est pas un grand plaisir pour moi; il viendra se mettre à tes côtés, il ne dansera sur la pelouse qu'avec toi ; que me revient-il donc de tes amusements ?

L'AUTRE. — Aujourd'hui, il ne sera sûrement pas seul ; le blondin, m'a-t-il dit, doit venir avec lui.
UN ÉCOLIER. — Regarde comme ces servantes vont vite. Viens donc, frère, nous les accompagnerons. De la double bière, du tabac et une fille endimanchée ; ce sont là mes goûts favoris.
UNE BOURGEOISE. — Vois donc ces jolis garçons ! C'est vraiment une honte ; ils pourraient avoir la meilleure compagnie, et courent après ces filles !
LE SECOND ÉCOLIER, au premier. — Pas si vite ! Il en vient deux derrière nous qui sont fort joliment mises. L'une d'elles est ma voisine, et je me suis un peu coiffé de la jeune personne. Elles vont à pas lents, et ne tarderaient pas à nous prendre avec elles.
LE PREMIER. — Non, frère, je n'aime pas la gêne. Viens vite, que nous ne perdions pas de vue le gibier. La main qui le samedi tient un balai, est celle qui le dimanche vous caresse le mieux ?
UN BOURGEOIS. — Non, le nouveau bourgmestre ne me revient pas : à présent que le voilà parvenu , il va devenir plus fier de jour en jour. Et que fait-il donc pour la ville ? Tout ne va-t-il pas de plus en plus mal ? Il faut obéir plus que jamais, et payer plus qu'avant.

UN MENDIANT chante :

Mes bons seigneurs, mes belles dames,
Si bien vêtus et si joyeux,
Daignez, en passant, nobles âmes,
Sur mon malheur baisser les yeux ;
A de bons cœurs comme les vôtres
Bien faire cause un doux émoi,
Qu'un jour de fête pour tant d'autres
Soit un jour de moisson pour moi !

UN AUTRE BOURGEOIS. — Je ne sais rien de mieux, les dimanches et fêtes, que de parler de guerres et de combats, pendant que, bien loin, dans la Turquie, les peuples s'assomment entre eux. On est à la fenêtre, on prend son p'tit verre, et l'on voit la rivière se barioler de bâtiments de toutes couleurs ; le soir on rentre gaîment chez soi, en bénissant la paix et le temps de paix dont nous jouissons.
TROISIÈME BOURGEOIS. — Je suis comme vous , mon cher voisin, qu'on se fende la tête ailleurs, et que tout aille au diable ; pourvu que chez moi rien ne soit dérangé.
UNE VIEILLE, à de jeunes demoiselles. — Hé ! comme elles sont bien parées ! La belle jeunesse ! Qui est-ce qui ne deviendrait pas fou de vous voir ? Allons, moins de fierté !... C'est bon ! je suis capable de vous procurer tout ce que vous pourrez souhaiter.
LES JEUNES BOURGEOISES. — Viens, Agathe ! je craindrais d'être vue en public avec une pareille sorcière... elle me fit pourtant voir, à la nuit de Saint-André, mon futur amant en personne.
UNE AUTRE. — Elle me le montra aussi à moi dans un cristal, habillé en soldat, avec beaucoup d'autres. Je regarde autour de moi, mais j'ai beau chercher partout, il ne veut pas se montrer.

DES SOLDATS.

Villes entourées
De murs et de tours,
Fillettes parées
D'attraits et d'atours !...
L'honneur nous commande
De tenter l'assaut ;
Si la peine est grande,
Le succès le vaut.

Au son des trompettes,
Les bravos soldats
S'élancent aux fêtes,
Ou bien aux combats ;
Fillettes et villes
Font les difficiles...
Tout se rend bientôt ;
L'honneur nous commande !
Si la peine est grande,
Le succès le vaut.

FAUST ET VAGNER.

FAUST. — Les torrents et les ruisseaux ont rompu leur prison de glace au sourire doux et vivifiant du printemps ; une heureuse espérance verdit dans la vallée ; le vieil hiver, qui s'affaiblit de jour en jour, se retire peu à peu vers les montagnes escarpées. Dans sa fuite, il lance sur le gazon des prairies quelques regards glacés mais impuissants ; le soleil ne laisse plus rien de blanc en sa présence, partout règnent l'illusion, la vie ; tout s'anime sous ses rayons de couleurs nouvelles. Cependant prendrait-il en passant pour des fleurs cette multitude de gens endimanchés dont la campagne est couverte ? Détournons-nous dans ces collines pour retourner à la ville. Par cette porte obscure et profonde se presse une foule toute bariolée : chacun aujourd'hui se montre avec plaisir au soleil ; c'est bien la résurrection du Seigneur qu'ils fêtent, et eux-mêmes sont ressuscités. Échappés aux sombres appartements de leurs maisons basses, aux liens de leurs occupations journalières, aux toits et aux plafonds qui les pressent, à la malpropreté de leurs étroites rues, à la nuit mystérieuse de leurs églises, les voilà rendus tous à la lumière. Voyez donc, voyez comme la foule se précipite dans les jardins et dans les champs! que de barques joyeuses, qui sillonnent le fleuve en long et en large!... et cette dar-

La belle fontaine qui nous coule là!

nière qui s'écarte des autres chargée jusqu'aux bords. Les sentiers les plus lointains de la montagne brillent aussi de l'éclat des habits. J'entends déjà le bruit du village; c'est vraiment là le paradis du peuple; grands et petits sautent gaîment : ici je me sens homme, ici j'ose l'être.
VAGNER. — Monsieur le docteur, il est honorable et avantageux de se promener avec vous; cependant je ne voudrais pas me confondre dans ce monde-là, car je suis ennemi de tout ce qui est grossier. Leurs violons, leurs cris, leurs amusements bruyants, je hais tout cela à la mort. Ils hurlent comme des possédés, et appellent cela de la joie et de la danse.

Paysans sous les tilleuls.

DANSE ET CHANT.

Les bergers, quittant leurs troupeaux,
Mènent au son des chalumeaux
Leurs belles en parure;
Sous le tilleul les voilà tous
Dansant, sautant comme des fous,
Ha! ha! ha!
Landerira!
Suivez donc la mesure!

La danse en cercle se pressait.
Quand un berger, qui s'élançait,
Coudoie une fillette;
Elle se retourne aussitôt,
Disant : « Ce garçon est bien sot! »
Ha! ha! ha!
Landerira!
Voyez ce malhonnête!

Ils passaient tous comme l'éclair,
Et les robes volaient en l'air,
Bientôt le pied vacille...
Le rouge leur montait au front,
Et l'un sur l'autre dans le rond,
Ha! ha! ha!
Landerira!
Tous tombent à la file!

— Ne me touche donc pas ainsi,
— Paix! ma femme n'est point ici.
La bonne circonstance! —
Dehors il l'emmène soudain...
Et tout pourtant allait son train.
Ha! ha! ha!
Landerira!
La musique et la danse.

UN VIEUX PAYSAN. — Monsieur le docteur, il est beau de votre part de ne point mépriser notre compagnie, et, savant comme vous l'êtes, de venir vous mêler à toute cette cohue. Daignez donc prendre la plus belle cruche, que nous avons emplie de boisson fraîche; je vous l'apporte et souhaite hautement, non-seulement qu'elle apaise votre soif, mais encore que le nombre des gouttes qu'elle contient soit ajouté à celui de vos jours.
FAUST. — J'accepte ces rafraîchissements et vous offre en échange salut et reconnaissance. (Le peuple s'assemble en cercle autour d'eux.)
LE VIEUX PAYSAN. — C'est vraiment fort bien fait à vous de repa-

Quelle céleste image se montre dans ce miroir magique!

raître ici un jour de gaîté. Vous nous rendîtes visite autrefois dans de bien mauvais temps. Il y en a plus d'un, bien vivant aujourd'hui, et que votre père arracha à la fièvre chaude, lorsqu'il mit fin à cette peste qui désolait notre contrée. Et vous aussi, qui n'étiez alors qu'un jeune homme, vous alliez dans toutes les maisons des malades; on emportait nombre de cadavres, mais vous, vous en sortiez toujours bien portants. Vous supportâtes de rudes épreuves; mais le Sauveur secourut celui qui nous a sauvés.
TOUS. — A la santé de l'homme intrépide! Puisse-t-il longtemps encore être utile!
FAUST. — Prosternez-vous devant celui qui est là-haut, c'est lui

qui enseigne à secourir et qui vous envoie des secours. (Il va plus loin avec Vagner.)

VAGNER. — Quelles douces sensations tu dois éprouver, ô grand homme, des honneurs que cette foule te rend! O heureux qui pont de ses dons retirer un tel avantage! Le père te montre à son fils, chacun interroge, court et se presse, le violon s'arrête, .a danse cesse. Tu passes, ils se rangent en cercle, les chapeaux volent en l'air, et peu s'en faut qu'ils ne se mettent à genoux, comme si le bon Dieu se faisait voir.

FAUST. — Quelques pas encore jusqu'à cette pierre, et nous pourrons nous reposer de notre promenade. Que de fois je m'y asis pensif, seul, exténué de prières et de jeûnes. Riche d'espérance,

FAUST. — O bienheureux qui peut encore espérer de surnager dans cet océan d'erreurs!... on use de ce qu'on ne sait point, et ce qu'on sait, on n'en peut faire aucun usage. Cependant ne troublons pas par d'aussi sombres idées le calme de ces belles heures! Regarde comme les toits entourés de verdure étincellent aux rayons du soleil couchant. Il se penche et s'éteint, le jour expire, mais il va porter autre part une nouvelle vie. Oh! que n'ai-je des ailes pour m'élever de la terre, et m'élancer après lui, dans une clarté éternelle! Je verrais à travers le crépuscule tout un monde silencieux se dérouler à mes pieds, je verrais toutes les hauteurs s'enflammer, toutes les vallées s'obscurcir, et les vagues argentées des fleuves se dorer en s'écoulant. La montagne et tous ses défilés ne pourraient plus arrêter mon essor divin. Déjà la mer avec ses gouffres enflammés se dévoile à mes yeux surpris. Cependant le Dieu commence enfin à s'éclipser; mais un nouvel élan se réveille en mon âme, et je me hâte de m'abreuver encore de son éternelle lumière; le jour est devant moi; derrière moi la nuit; au-dessus de ma tête le ciel, et les vagues à mes pieds. — C'est un beau rêve tant qu'il dure! Mais, hélas! le corps n'a pas d'ailes pour accompagner le vol rapide de l'esprit! Pourtant il n'est personne au monde qui ne se sente ému d'un sentiment profond, quand, au-dessus de nous, perdue dans l'azur des cieux, l'alouette fait entendre sa chanson matinale; quand, au-delà des rocs couverts de sapins, l'aigle plane, les ailes immobiles, et qu'au dessus des mers, au-dessus des plaines, la grue dirige son vol vers les lieux de sa naissance.

VAGNER. — J'ai souvent moi-même des moments de caprices : ça pendant des désirs comme ceux-là ne m'ont jamais tourmenté; on se lasse aisément des forêts et des prairies; jamais je n'envierai l'aile des oiseaux: les joies de mon esprit me transportent bien plus

Ma jolie demoiselle, oserai-je hasarder de vous offrir mon bras et ma conduite?

ferme dans ma foi, je croyais, par des larmes, des soupirs, des contorsions, obtenir du maître des cieux la fin de cette peste cruelle. Maintenant, les souffrages de la foule retentissent à mon oreille comme une raillerie. Oh! si tu pouvais lire dans mon cœur, combien peu le père et le fils méritent tant de renommée! Mon père était un obscur honnête homme qui, de bien bonne foi, raisonnait à sa manière sur la nature et ses divins secrets. Il avait coutume de s'en fermer avec une société d'adeptes dans un sombre laboratoire où, d'après des recettes infinies, il opérait la transfusion des contraires. C'était un *lion rouge*, hardi compagnon, qu'il unissait dans un bain tiède à un lis; puis, les plaçant au milieu des flammes, il les transvasait d'un creuset dans un autre. Alors apparaissait, dans un verre, la *jeune reine* (1), aux couleurs variées; c'était là la médecine, les malades mouraient; et personne ne demandait : Qui a guéri? C'est ainsi qu'avec des *electuaires* infernaux nous avons fai dans ces montagnes et ces vallées plus de ravages que l'épidémie. J'ai moi-même offert le poison à des milliers d'hommes; ils sont morts, et moi, je survis, hardi meurtrier, pour qu'on m'adresse des éloges.

VAGNER. — Comment pouvez-vous vous troubler de cela? un brave homme ne fait-il pas assez quand il exerce avec sagesse et ponctualité l'art qui lui fut transmis? Si tu honores ton père, jeune homme, tu recevras volontiers ses instructions; homme, si tu fais avancer la science, ton fils pourra aspirer à un but plus élevé.

(1) Noms de diverses compositions alchimiques.

Comme cette chaîne m'irait bien!

loin, de livre en livre, de feuille en feuille! Que de chaleur et d'agrément cela donne à une nuit d'hiver! Vous sentez une vie heureuse animer tous vos membres... Ah! dès que vous déroulez un vénérable parchemin, tout le ciel s'abaisse sur vous!

FAUST. — C'est le seul désir que tu connaisses encore; quant à l'autre n'apprends jamais à le connaître. Deux âmes, hélas! se partagent mon sein, et chacune d'elles veut se séparer de l'autre l'une, ardente d'amour, s'attache au monde par le moyen des organes du corps ; un mouvement surnaturel entraîne l'autre loin des ténèbres, vers les hautes demeures de nos aïeux ! Oh ! si dans l'air il y a des esprits qui planent entre la terre et le ciel, qu'ils descendent de leurs nuages dorés, et me conduisent à une vie plus nouvelle et plus variée ! Oui, si je possédais un manteau magique, et qu'il pût me transporter vers des régions étrangères, je ne m'en déferais point pour les habits les plus précieux, pas même pour le manteau d'un roi.

WAGNER. — N'appelles pas cette troupe bien connue, qui s'étend comme la tempête autour de la vaste atmosphère, et qui de tous côtés prépare à l'homme une infinité de dangers. La bande des esprits venus du Nord aiguise contre vous des langues à triple dard; celle qui vient de l'Est dessèche vos poumons et s'en nourrit. Si ce sont les déserts du Midi qui les envoient, ils entassent autour de votre tête flamme sur flamme, et l'Ouest en vomit un essaim qui vous rafraîchit d'abord, et finit par dévorer, autour de vous, vos champs et vos moissons. Enclins à causer du dommage, ils écoutent volontiers votre appel, ils vous obéissent même, parce qu'ils aiment à vous tromper ; ils s'annoncent comme envoyés du ciel, et quand ils montent, c'est avec une voix angélique... Mais retirons-nous ! le monde se couvre déjà de ténèbres, l'air se rafraîchit, le brouillard tombe ! C'est le soir qu'on apprécie surtout l'agrément du logis. Qu'avez-vous à vous arrêter ? Que regardez-vous là avec tant d'attention ? Qui peut donc nous étonner ainsi dans le crépuscule ?

FAUST. — Vois-tu ce chien noir errer au travers des blés et des chaumes ?

WAGNER. — Je le vois depuis longtemps, il ne me semble offrir rien d'extraordinaire.

FAUST. — Considère-le bien ; pour qui prends-tu cet animal ?

WAGNER. — Pour un barbet, qui cherche à sa manière la trace de son maître.

FAUST. — Remarques-tu comme il tourne en spirale, en s'approchant de nous de plus en plus ? Et si je ne me trompe, il traîne derrière sa pas une trace de feu.

WAGNER. — Je ne vois rien qu'un barbet noir ; il se peut bien qu'un éblouissement abuse vos yeux.

FAUST. — Il me semble qu'il tire à nos pieds des lacets magiques, comme pour nous attacher.

WAGNER. — Je le vois incertain et craintif sauter autour de nous, parce qu'au lieu de son maître, il trouve deux inconnus.

FAUST. — Le cercle se rétrécit, déjà il est proche.

WAGNER. — Vous voyez ! ce n'est là qu'un chien, et non un fantôme. Il grogne et semble dans l'incertitude ; il se met sur le ventre, agite sa queue, toutes manières de chien.

FAUST. — Accompagne-nous ; viens ici.

WAGNER. — C'est une folle espèce de barbet. Vous vous arrêtez, il vous attend ; vous lui parlez, il s'élance à vous ; si vous perdez quelque chose, il le rapportera, et sautera dans l'eau après votre canne.

FAUST. — Tu as bien raison, je ne remarque en lui nulle trace d'esprit, et tout est éducation.

WAGNER. — Le chien, quand il est bien élevé, est digne de l'affection du sage lui-même. Oui, il peut mériter vos bontés... C'est le disciple le plus assidu des écoliers. (Ils rentrent par la porte de la ville.)

Cabinet d'étude.

FAUST, entrant avec le barbet. — J'ai quitté les champs et les prairies qu'une nuit profonde environne. Je sens un religieux effroi éveiller par des pressentiments la meilleure de mes deux âmes. Les grossières sensations s'endorment ainsi que l'activité orageuse ; je suis animé d'un ardent amour des hommes, et l'amour de Dieu me ravit aussi.

Sois tranquille, barbet ; ne cours pas çà et là auprès de la porte ; qu'y flaires-tu ? Va te coucher derrière le poêle ; je te donnerai mon meilleur coussin ; puisque là-bas, sur le chemin de la montagne, tu nous as récréés par tes tours et par tes sauts, aie soin que je retrouve en toi maintenant un hôte parfaitement paisible.

Ah ! dès que notre cellule étroite s'éclaire d'une lampe amie, la lumière pénètre aussi dans notre sein, dans notre cœur rendu à lui-même. La raison recommence à parler, et l'espérance à luire ; on se baigne au ruisseau de la vie, à la source dont elle jaillit.

Ne grogne point, barbet ! Les hurlements d'un animal ne peuvent s'accorder avec les divins accents qui remplissent mon âme entière. Nous sommes accoutumés à ce que les hommes déprécient ce qu'ils ne peuvent comprendre, à ce que le bon et le beau, qui souvent leur sont nuisibles, les fassent murmurer ; mais faut-il que le chien grogne à leur exemple ?... Hélas ! je sens déjà qu'avec la meilleure volonté, la satisfaction ne peut plus jaillir de mon cœur... Mais pourquoi le fleuve doit-il sitôt tarir, et nous replonger dans notre soif éternelle ? J'en ai trop fait l'expérience ! Cette misère va cependant se terminer enfin ; nous apprenons à estimer ce qui s'élève au-dessus des choses de la terre, nous aspirons à une révélation, qui nulle part ne brille d'un éclat plus pur et plus beau que dans le Nouveau-Testament. J'ai envie d'ouvrir le texte, et m'abandonnant une fois à des impressions naïves, de traduire le saint original dans la langue allemande qui m'est si chère. (Il ouvre un volume, et s'arrête.) Il est écrit : Au commencement était le verbe ! Ici je m'arrête déjà ! Qui me soutiendra plus loin ? Il m'est impossible de rendre suffisamment ce mot, le verbe ! Il faut que je le traduise autrement, si l'esprit daigne m'éclairer. Il est écrit : Au commencement était l'esprit ! Réfléchissons bien sur cette première ligne, et que la plume ne se hâte pas trop ! Est-ce bien l'esprit qui crée et conserve tout ? Il devrait y avoir : Au commencement était la force ! Cependant tout en écrivant ceci, quelque chose me dit que je ne dois pas m'arrêter à ce sens. L'esprit m'éclaire enfin ! L'inspiration descend sur moi, et j'écris consolé : Au commencement était l'action !

S'il faut que je partage la chambre avec toi, barbet, cesse tes cris et tes hurlements ! Je ne puis souffrir près de moi un compagnon si bruyant ; il faut que l'un de nous deux quitte la chambre ! C'est malgré moi que je viole les droits de l'hospitalité ; la porte est ouverte, et tu as le champ libre. Mais que vois-je ? Cela est-il naturel ? Est-ce une ombre, est-ce une réalité ? Comme mon barbet vient de se gonfler ! Il se lève en grandissant, ce n'est plus une forme de chien. Quel spectre ai-je introduit chez moi ? Il a déjà l'air d'un hippopotame, avec ses yeux de feu et son effroyable mâchoire. Oh ! je serai ton maître ! Pour une bête aussi infernale, la clef de Salomon est nécessaire.

ESPRITS, dans la rue. — L'un des nôtres est prisonnier ! Restons dehors, et qu'aucun ne le suive ! Un vieux diable s'est pris tel comme un renard au piège ! Attention ! voltigeons aux alentours, et cherchons à lui porter aide ! N'abandonnons pas un frère qui nous a toujours bien secondés !

FAUST. — D'abord, pour aborder le monstre, j'emploierai la conjuration des quatre :

> Que le Salamandre s'enflamme !
> Que l'Ondin se replie !
> Que le Sylphe s'évanouisse !
> Que le Lutin travaille !

Qui ne connaîtrait pas les éléments, leur force et leurs propriétés, ne se rendrait jamais maître des esprits.

> Vole en flamme, Salamandre !
> Coules ensemble en murmurant, Ondin !
> Brille en éclatant météore, Sylphe !
> Apporte-moi tes secours domestiques,
> Incubus ! Incubus !
> Viens ici, et ferme la marche !

Aucun des quatre n'existe dans cet animal. Il reste immobile et grince des dents devant moi ; je ne lui ai fait encore aucun mal. Tu vas m'entendre employer de plus fortes conjurations.

Es-tu, mon ami, un échappé de l'enfer ! alors regarde ce signe : les noires phalanges se courbent devant lui.

Déjà il se gonfle, ses crins sont hérissés !

Être maudit ! peux-tu le lire, celui qui jamais ne fut créé, l'inexprimable, adoré par tout le ciel, et criminellement transpercé ?

Relégué derrière le poêle, il s'enfle comme un éléphant, il remplit déjà tout l'espace, et va se résoudre en vapeur. Ne monte pas au moins jusqu'à la voûte ! Viens plutôt te coucher aux pieds de ton maître. Tu vois que je ne menace pas en vain. Je suis prêt à te rouvrir avec le feu sacré. N'attends pas la lumière au triple éclat ! N'attends pas la plus puissante de mes conjurations !

MÉPHISTOPHÉLÈS entre pendant que le nuage tombe, et sort de derrière le poêle, en habit d'étudiant. — D'où vient ce vacarme ? Qu'est-ce qu'il y a pour le service de monsieur ?

FAUST. — C'était donc là le contenu du barbet ? Un écolier ambulant.

MÉPHISTOPHÉLÈS. — Je salue le savant docteur. Vous m'avez fait suer rudement.

FAUST. — Quel est ton nom ?

MÉPHISTOPHÉLÈS. — La demande me paraît bien frivole, pour quelqu'un qui a tant de mépris pour les mots, qui toujours s'écarte des apparences, et considère surtout le fond des êtres.

FAUST. — Chez vous autres, messieurs, on doit pouvoir aisément deviner votre nature d'après vos noms, et c'est ce qu'on fait connaître clairement en vous appelant ennemis de Dieu, séducteurs, menteurs. Eh bien ! qui donc es-tu ?

MÉPHISTOPHÉLÈS. — Une partie de cette force qui tantôt veut le mal, et tantôt fait le bien.

FAUST. — Que signifie cette énigme ?

MÉPHISTOPHÉLÈS. — Je suis l'esprit qui toujours nie ; et c'est avec justice : car tout ce qui existe est digne d'être détruit, il serait donc mieux que rien n'existât. Ainsi, tout ce que vous nommez péché, destruction, bref ce qu'on entend par mal voilà mon élément.

FAUST. — Tu te nommes partie, et te voilà en entier devant moi.

MÉPHISTOPHÉLÈS. — Je te dis la modeste vérité. Si l'homme, ce petit monde de folie, se regarde ordinairement comme formant un entier, je suis, moi, une partie de la partie qui existait au commencement de tout, une partie de cette obscurité qui donna naissance à la lumière, la lumière orgueilleuse, qui maintenant dispute à sa mère la Nuit son rang antique et l'espace qu'elle occupait; ce qui ne lui réussit guère pourtant, car malgré ses efforts elle ne peut que ramper à la surface des corps qui l'arrêtent; elle jaillit de la matière, elle y ruisselle de la couleur, mais un corps suffit pour briser sa marche. Je puis donc espérer qu'elle ne sera plus de longue durée, ou qu'elle s'anéantira avec les corps eux-mêmes.

FAUST. — Maintenant, je connais tes honorables fonctions; tu ne peux anéantir la masse, et tu te rattrapes sur les détails.

MÉPHISTOPHÉLÈS. — Et franchement, je n'ai point fait grand ouvrage : ce qui s'oppose au néant, le quelque chose, ce monde matériel, quoi que j'aie entrepris jusqu'ici, je n'ai pu encore l'entamer; et j'ai en vain déchaîné contre lui flots, tempêtes, tremblements, incendies; la mer et la terre sont demeurées tranquilles. Nous n'avons rien à gagner sur cette maudite semence, matière des animaux et des hommes. Combien n'en ai-je pas déjà enterré ! Et toujours circule un sang frais et nouveau. Voilà la marche des choses; c'est à en devenir fou. Mille germes s'élancent de l'air, de l'eau, comme de la terre, dans le sec, l'humide, le froid, le chaud. Si je ne m'étais pas réservé le feu, je n'aurais rien pour ma part.

FAUST. — Ainsi tu opposes au mouvement éternel, à la puissance secourable qui crée, la main froide du démon, qui se raidit en vain avec malice ! Quelle autre chose cherches-tu à entreprendre, étrange fils du chaos ?...

MÉPHISTOPHÉLÈS. — Nous nous en occuperons à loisir dans la prochaine entrevue. Oserais-je bien cette fois m'éloigner ?

FAUST. — Je ne vois pas pourquoi tu me le demandes. J'ai maintenant appris à te connaître; visite-moi désormais quand tu voudras : voici la fenêtre, la porte, et même la cheminée, à loisir.

MÉPHISTOPHÉLÈS. — Je l'avouerai, un petit obstacle m'empêche de sortir : le pied magique sur votre seuil...

FAUST. — Le pentagramme (1) te met en peine ? Hé ! dis-moi, fils de l'enfer, si cela te gêne, comment as-tu entré ici ? Comment un tel esprit s'est-il laissé attraper ainsi ?

MÉPHISTOPHÉLÈS. — Considère-le bien : il est mal posé; l'angle tourné vers la porte est, comme tu vois, un peu ouvert.

FAUST. — Le hasard s'est bien rencontré ! Et tu serais donc mon prisonnier ? C'est un heureux accident !

MÉPHISTOPHÉLÈS. — Le barbet, lorsqu'il entra, ne fit attention à rien ; du dehors la chose paraissait tout autre, et maintenant le diable ne peut plus sortir.

FAUST. — Mais pourquoi ne sors-tu pas par la fenêtre ?

MÉPHISTOPHÉLÈS. — C'est une loi des diables et des revenants, qu'ils doivent sortir par où ils sont entrés. Le premier acte est libre en nous ; nous sommes esclaves du second.

FAUST. — L'enfer même a donc ses lois ? C'est fort bien ; ainsi un pacte fait avec vous, messieurs, serait fidèlement observé ?

MÉPHISTOPHÉLÈS. — Ce qu'on te promet, tu peux en jouir entièrement ; il ne t'en sera rien retenu. Ce n'est pas cependant si peu de chose que tu crois, mais une autre fois nous en reparlerons. Cependant je te prie et te reprie de me laisser partir cette fois-ci.

FAUST. — Reste donc encore un instant pour me dire ma bonne aventure.

MÉPHISTOPHÉLÈS. — Eh bien ! lâche-moi toujours ! Je reviendrai bientôt ; et tu pourras me faire tes demandes à loisir.

FAUST. — Je n'ai point cherché à te surprendre, tu es venu toi-même t'enlacer dans le piège. Que celui qui tient le diable le tienne bien ; il ne le reprendra pas de si tôt.

MÉPHISTOPHÉLÈS. — Si cela te plaît, je suis prêt aussi à rester ici pour te tenir compagnie; avec la condition cependant de te faire par mon art passer dignement le temps.

FAUST. — Je vois avec plaisir que cela te convient ; mais il faut que ton art soit divertissant.

MÉPHISTOPHÉLÈS. — Ton esprit, mon ami, va gagner davantage dans cette heure seulement que dans l'uniformité d'une année entière. Ce que te chantent les esprits subtils, les belles images qu'ils t'apportent, ne sont pas une vaine magie. Ton odorat se délectera, ainsi que ton palais, et ton cœur sera transporté. De vains préparatifs ne sont point nécessaires, nous voici rassemblés, commencez !

ESPRITS. — Disparaissez, sombres arceaux ! laissez la lumière du ciel nous sourire et l'éther bleu se dérouler !

Que les sombres nuées se déchirent, et que les petites étoiles s'allument comme des soleils plus doux !

(1) Figure cabalistique.

Filles du ciel, idéales beautés, resserrez autour de lui le cercle de votre danse ailée.

Les désirs d'amour voltigent sur vos pas, dénouez vos ceintures et quittez vos habits flottants !

Semez-en la prairie et la feuillée épaisse où les amants viendront rêver leurs amours éternelles !

O tendre verdure des bocages ! bras entrelacés des ramés !

Les grappes s'entassent aux vignes, les pressoirs en sont gorgés ; le vin jaillit à flots écumants ; des ruisseaux de pourpre sillonnent le vert des prairies !

Créatures du ciel, déployez au soleil vos ailes frémissantes ; volez vers ces îles fortunées qui glissent là-bas sur les flots !

Là-bas tout est rempli de danses et de concerts : tout aime, tout s'agite en liberté.

Des chœurs ailés mènent la ronde sur le sommet lumineux des collines ; d'autres se croisent en tous sens sur la surface unie des eaux.

Tous pour la vie ! tous les yeux fixés au loin sur quelque étoile chérie, que le ciel alluma pour eux.

MÉPHISTOPHÉLÈS. — Il dort : c'est bien, jeunes esprits de l'air ! vous l'avez fidèlement enchanté ! c'est un concert que je vous redois. Tu n'es pas encore homme à bien tenir le diable !, Fascinez-le par de doux prestiges, plongez-le dans une mer d'illusions. Cependant, pour détruire le charme de ce seuil, j'ai besoin de la dent d'un rat... Je n'aurai pas longtemps à conjurer, en voici un qui trotte par là et qui m'entendra bien vite.

Le Seigneur des rats et des souris, des mouches, des grenouilles, des punaises, des poux, t'ordonne de venir ici, et de ronger ce seuil comme s'il était frotté d'huile.

Ah ! te voilà déjà ! Allons, vite à l'ouvrage ! La pointe qui m'a arrêté, elle est là au bord... encore un morceau, c'est fait !

FAUST, se réveillant. — Suis-je donc trompé cette fois encore ? Toute cette foule d'Esprits a-t-elle déjà disparu ? N'est-ce qu'un rêve qui m'a présenté le diable ?... Et n'est-ce qu'un barbet qui a sauté après moi ?

Cabinet d'étude.

FAUST, MÉPHISTOPHÉLÈS.

FAUST. — On frappe ? entrez ! Qui vient m'importuner encore ?

MÉPHISTOPHÉLÈS. — C'est moi.

FAUST. — Entrez !

MÉPHISTOPHÉLÈS. — Tu dois le dire trois fois.

FAUST. — Entrez donc !

MÉPHISTOPHÉLÈS. — Tu me plais ainsi ; nous allons nous accorder, j'espère. Pour dissiper ta mauvaise humeur, me voici en jeune seigneur, avec l'habit écarlate brodé d'or, le petit manteau de satin empesé, la plume de coq au chapeau, une épée longue et bien affilée ; et je te donnerai le conseil court et bon d'en faire autant, afin de pouvoir, affranchi de tes chaînes, goûter ce que c'est que la vie.

FAUST. — Sous quelque habit que ce soit, je n'en sentirai pas moins les misères de l'existence humaine. Je suis trop vieux pour jouer encore, trop jeune pour être sans désirs. Qu'est-ce que le monde peut m'offrir de bon ? *Tout doit te manquer, tu dois manquer de tout !* Voilà l'éternel refrain qui tinte aux oreilles de chacun de nous, et ce que tout, toute notre vie, chaque heure nous répète d'une voix cassée. C'est avec effroi que le matin je me réveille ; je devrais répandre des larmes amères, en voyant ce jour qui dans sa course n'accomplira pas un de mes vœux ; pas un seul ! Ce jour, qui par des tourments intérieurs énervera jusqu'au pressentiment de chaque plaisir, qui sous mille contrariétés paralysera les inspirations de mon cœur agité. Il faut aussi, dès que la nuit tombe, m'étendre d'un mouvement convulsif sur ce lit où nul repos ne viendra me soulager, où des rêves affreux m'épouvanteront. Le dieu qui réside en mon sein peut émouvoir profondément mon être ; mais lui, qui gouverne toutes mes forces, ne peut rien déranger autour de moi. Et voilà pourquoi la vie m'est un fardeau, pourquoi je désire la mort et j'abhorre l'existence.

MÉPHISTOPHÉLÈS. — Et pourtant la mort n'est jamais un hôte très bien venu.

FAUST. — O heureux celui à qui, dans l'éclat du triomphe, elle ceint les tempes d'un laurier sanglant, celui qu'après l'ivresse d'une danse ardente, elle vient surprendre dans les bras d'une femme ! Oh ! que ne puis-je, devant la puissance du grand Esprit, me voir transporté, ravi, et ensuite anéanti !

MÉPHISTOPHÉLÈS. — Et quelqu'un cependant n'a pas avalé cette nuit une certaine liqueur brune...

FAUST. — L'espionnage est ton plaisir, à ce qu'il paraît.

MÉPHISTOPHÉLÈS. — Je n'ai pas la science universelle, et cependant j'en sais beaucoup.

FAUST. — Eh bien ! puisque des sons bien doux et bien connus m'ont arraché à l'horreur de mes sensations, en m'offrant, avec l'image de temps plus joyeux, les douces impressions de l'enfance. Je maudis tout ce que l'âme environne d'attraits et de prestiges, tout ce qu'en ces tristes demeures elle voile d'éclat et de mensonge ! Maudite soit d'abord la haute opinion dont l'esprit s'enivre lui-même ! Maudite soit la splendeur des vaines apparences qui assiègent nos sens ! Maudit soit ce qui nous séduit dans nos rêves, illusions de gloire et d'immortalité ! Maudits soient tous les objets dont la possession nous flatte, femme ou enfant, valet ou charrue ! Maudit soit Mammon, quand, par l'appât de ses trésors, il nous pousse à des entreprises audacieuses, ou quand, pour des jouissances oisives, il nous entoure de voluptueux coussins ! Maudite soit toute exaltation de l'amour ! Maudite soit l'espérance ! Maudite la foi, et maudite, avant tout, la patience !

CHŒUR D'ESPRITS, invisible. — Hélas ! hélas ! tu l'as détruit l'heureux monde ! tu l'as écrasé de ta main puissante ; il est en ruines ! Un demi-dieu l'a renversé !... Nous emportons ses débris dans le néant, et nous pleurons sur sa beauté perdue !... Oh ! le plus grand des enfants de la terre ! relève-le, reconstruis-le dans ton cœur ! recommence ta course d'une existence nouvelle, et nos chants résonneront encore pour accompagner tes travaux.

MÉPHISTOPHÉLÈS. — Ceux-là sont les petits d'entre les miens. Écoute comme ils te conseillent sagement le plaisir et l'activité ! Ils veulent t'entraîner dans le monde, t'arracher à cette solitude, où se figent et l'esprit et les sucs qui servent à l'alimenter.

Cesse donc de te bercer dans cette tristesse qui, comme un vautour, dévore la vie. En si mauvaise compagnie que tu sois, tu pourras sentir que tu es un homme avec les hommes ; cependant on ne songe pas pour cela à t'encanailler. Je ne suis pas moi-même un des premiers ; mais si tu veux, uni à moi, diriger tes pas dans la vie, je m'accommoderai volontiers de t'appartenir sur-le-champ. Je me fais ton compagnon, ou, si cela t'arrange mieux, ton serviteur et ton esclave.

FAUST. — Et quelle obligation devrais-je remplir en retour.

MÉPHISTOPHÉLÈS. — Tu auras le temps de t'occuper de cela.

FAUST. — Non, non ! Le diable est un égoïste, et ne fait point pour l'amour de Dieu ce qui est utile à autrui. Exprime clairement la condition ; un pareil serviteur porte malheur à une maison.

MÉPHISTOPHÉLÈS. — Je veux ici m'attacher à ton service, obéir sans fin ni cesse à ton moindre signe ; mais, quand nous nous reverrons là-dessous, tu devras me rendre la pareille.

FAUST. — Le dessous m'inquiète guère ; finissons-en d'abord avec ce monde-ci, et l'autre peut arriver ensuite. Mes plaisirs jaillissent de cette terre, et ce soleil éclaire mes peines ; que je m'affranchisse une fois de ces dernières, arrive après ce qui pourra. Je n'en veux point apprendre davantage. Peu m'importe que, dans l'avenir, on aime ou haïsse, et que ces sphères aient aussi un dessus et un dessous.

MÉPHISTOPHÉLÈS. — Dans un tel esprit tu peux te hasarder : engage-toi ; tu verras ces jours-ci tout ce que mon art peut procurer de plaisir ; je te donnerai ce qu'aucun homme n'a pu même encore entrevoir.

FAUST. — Et qu'as-tu à donner, pauvre démon ? L'esprit de l'homme en ses hautes inspirations fut-il jamais conçu par tes pareils ? Tu n'as que des aliments qui ne rassasient pas ; de l'or pâle, qui sans cesse s'écoule des mains comme le vif argent ; un jeu auquel on ne gagne jamais ; une fille qui jusque dans mes bras fait les yeux doux à mon voisin ; l'honneur, belle divinité qui s'évanouit comme un météore. Fais-moi voir un fruit qui ne pourrisse pas avant de tomber, et des arbres qui tous les jours se couvrent d'une verdure nouvelle.

MÉPHISTOPHÉLÈS. — Une pareille entreprise n'a rien qui m'étonne, je puis t'offrir de tels trésors. Oui, mon bon ami, le temps est venu aussi où nous pouvons nous divertir en toute sécurité.

FAUST. — Si jamais je puis m'étendre sur un lit de plume pour y reposer, que ce soit fait de moi à l'instant ! Si tu peux me flatter au point que je me plaise à moi-même, si tu peux m'abuser par des jouissances, que ce soit pour moi le dernier jour ! Je t'offre la pari !

MÉPHISTOPHÉLÈS. — Tope !

FAUST. — Et réciproquement ! Si je te dis un seul instant : Restons-en là ; je suis heureux de ce que tu me présentes ! Alors tu peux m'entourer de liens ! Alors, je consens à m'anéantir ! Alors la cloche des morts peut résonner, alors tu es libre de ton service... Que l'heure sonne, que l'aiguille tombe, que le temps n'existe plus pour moi !

MÉPHISTOPHÉLÈS. — Pensez-y bien, nous ne l'oublierons pas !

FAUST. — Tu as tout à fait raison là-dessus ; je ne suis pas frivolement engagé ; et puisque j'ai été toujours esclave, qu'importe que ce soit de toi ou de tout autre ?

MÉPHISTOPHÉLÈS. — Je vais donc aujourd'hui même, à la table de monsieur le docteur, remplir mon rôle de valet. Un mot encore : pour l'amour de la vie ou de la mort, je demande pour moi une couple de lignes.

FAUST. — Il te faut aussi un écrit, pédant ? Ne sais-tu pas ce que c'est qu'un homme, ni ce que la parole a de valeur ? N'est-ce pas assez que la mienne doive, pour l'éternité, disposer de mes jours ? Quand le monde s'agite de tous les orages, crois-tu qu'un simple mot d'écrit soit une obligation assez puissante ?... Cependant, une telle chimère nous tient toujours au cœur, et qui pourrait s'en affranchir ? Heureux qui porte sa foi pure au fond de son cœur, il n'aura regret d'aucun sacrifice ! Mais un parchemin écrit et cacheté est un épouvantail pour tout le monde ; le serment va expirer sous la plume ; et l'on ne reconnaît que l'empire de la cire et du parchemin. Esprit malin, qu'exiges-tu de moi ? airain, marbre, parchemin, papier ? Faut-il écrire avec un style, un burin, ou une plume ? Je t'en laisse le choix libre.

MÉPHISTOPHÉLÈS. — À quoi bon tout ce bavardage ? Pourquoi t'emporter avec tant de chaleur ? Il suffira du premier papier venu. Tu te serviras pour signer ton nom d'une petite goutte de sang.

FAUST. — Si cela t'est absolument égal, ceci devra rester pour la plaisanterie.

MÉPHISTOPHÉLÈS. — Le sang est un suc tout particulier.

FAUST. — Aucune crainte maintenant que je viole cet engagement. L'exercice de toute ma force est justement ce que je promets. Je me suis trop enflé, il faut maintenant que j'appartienne à ton espèce ; le grand Esprit m'a dédaigné, la nature se ferme devant moi ; le fil de ma pensée est rompu, et je suis dégoûté de toute science. Il faut que dans le gouffre de la sensualité mes passions ardentes s'apaisent ! Qu'au sein de voiles magiques et impénétrables de nouveaux miracles s'apprêtent ! Précipitons-nous dans le murmure des temps, dans les vagues agitées du destin ! Et qu'ensuite la douleur et la jouissance, le succès et l'infortune, se suivent comme ils pourront. Il faut désormais que l'homme s'occupe sans relâche.

MÉPHISTOPHÉLÈS. — Il ne vous est assigné aucune limite, aucun but. S'il vous plaît de goûter un peu de tout, d'attraper au vol ce qui se présentera, faites comme vous l'entendrez. Allons, attachez-vous à moi, et ne faites pas le timide !

FAUST. — Tu sens bien qu'il ne s'agit pas là d'amusements. Je me consacre au tumulte, aux jouissances les plus douloureuses, à l'amour qui sent la haine, à la paix qui sent le désespoir. Mon cœur, guéri de l'ardeur de la science, ne sera désormais fermé à aucune douleur ; et ce qui est le partage de l'humanité tout entière, je veux le concentrer dans le plus profond de mon être, je veux, par mon esprit, atteindre à ce qu'elle a de plus élevé et de plus secret ; je veux entasser sur mon cœur tout le bien et tout le mal qu'elle contient, et me gonflant comme elle, me briser aussi de même.

MÉPHISTOPHÉLÈS. — Ah ! vous pouvez me croire, moi qui pendant plusieurs milliers d'années ai mâché un si dur aliment ; je vous assure que, depuis le berceau jusqu'à la bière, aucun homme ne peut digérer le vieux levain ! croyez-en l'un de nous, tout cela n'est fait que pour un Dieu ! Il s'y contemple dans un éternel éclat ; il nous a créés, nous, pour les ténèbres, et, pour vous, le jour vaut la nuit et la nuit le jour.

FAUST. — Mais je le veux.

MÉPHISTOPHÉLÈS. — C'est entendu ! Je suis encore inquiet sur un point : le temps est court, l'art est long. Je pense que vous devriez vous instruire. Associez-vous avec un poète ; laissez-le se livrer à son imagination, et entasser sur votre tête toutes les qualités les plus nobles et les plus honorables, le courage du lion, l'agilité du cerf, le sang bouillant de l'Italien, la fermeté de l'habitant du Nord ; laissez-le trouver le secret de concilier en vous la grandeur d'âme avec la finesse, et, d'après le même plan... de... vous douer des passions ardentes de la jeunesse. Je voudrais connaître un tel homme ; je l'appellerais monsieur Microcosmos (1).

FAUST. — Eh ! que suis-je donc ?... Cette couronne de l'humanité qui attire tous les cœurs, m'est-il impossible de l'atteindre ?

MÉPHISTOPHÉLÈS. — Tu es, au reste... ce que tu es. Entasse sur ta tête des perruques de mille marteaux, chausse tes pieds de cothurnes hauts d'une aune, tu n'en resteras pas moins ce que tu es.

FAUST. — Je le sens, en vain j'aurai accumulé sur moi tous les trésors de l'esprit humain,.... lorsque je veux enfin prendre quelque repos, aucune force nouvelle ne jaillit de mon cœur ; je ne puis grandir de l'épaisseur d'un cheveu, ni me rapprocher tant soit peu de l'infini.

MÉPHISTOPHÉLÈS. — Mon bon monsieur, c'est que vous voyez tout, justement comme on le voit ordinaire ; il vaut mieux s'amuser de toutes choses avant que les plaisirs de la vie vous échappent pour jamais. — Allons donc ! tes mains, tes pieds, la tête et ton derrière t'appartiennent sans doute ; mais ce dont tu jouis pour la première fois t'en appartient-il moins ? Si tu possèdes six chevaux, leurs forces ne sont-elles pas les tiennes ? tu les montes, et te voilà , homme ordinaire , comme si tu avais vingt-quatre jambes. Vite ! laisse là tes sens tranquilles, et mets-toi en route avec eux à travers le monde ! Je te le dis : un bon vivant qui rêve toujours est comme un animal qu'un lutin fait tourner en cercle autour d'une lande aride, tandis qu'un beau pâturage vert s'étend à l'entour.

(1) Petit monde.

FAUST. — Comment commençons-nous?

MÉPHISTOPHÉLÈS. — Nous partions tout de suite, ce cabinet n'est qu'un lieu de torture: appelle-t-on cela vivre, s'ennuyer soi et ses petits drôles? Laisse tout cela à ton voisin la grosse panse! A quoi bon te tourmenter à battre la paille? Ce que tu sais de mieux, tu n'oserais le dire à l'écolier. J'en entends justement un dans l'avenue.

FAUST. — Il ne m'est point possible de le voir.

MÉPHISTOPHÉLÈS. — Le pauvre garçon est là depuis longtemps, il ne faut pas qu'il s'en aille mécontent. Viens! donne-moi ta robe et ton bonnet; le déguisement me siéra bien. (Il s'habille.) Maintenant repose-toi sur mon esprit; je n'ai besoin que d'un petit quart d'heure. Prépare tout cependant pour notre beau voyage. (*Faust sort.*)

MÉPHISTOPHÉLÈS, dans les longs habits de Faust. — Méprise bien la raison et la science, suprême force de l'humanité. Laisse-toi désarmer par les illusions et les prestiges de l'esprit malin, et tu es à moi sans restriction. — Le sort l'a livré à un esprit qui marche toujours intrépidement devant lui et dont l'élan rapide a bientôt surmonté tous les plaisirs de la terre! — Je vais sans relâche le traîner dans les déserts de la vie; il se débattra, me saisira, s'attachera à moi, et toujours insatiable, il verra des aliments et des liqueurs se balancer devant ses lèvres, sans les toucher; c'est en vain qu'il implorera quelque soulagement,... et ne se fût-il pas donné au diable, il n'en périrait pas moins.

UN ÉCOLIER entre.

L'ÉCOLIER. — Je suis ici depuis peu de temps, et je viens, plein de soumission, causer et faire connaissance avec un homme qu'on ne m'a nommé qu'avec vénération.

MÉPHISTOPHÉLÈS. — Votre politesse me réjouit fort! Vous voyez en moi un homme tout comme un autre. Avez-vous déjà beaucoup étudié?

L'ÉCOLIER. — Je viens vous prier de vous charger de moi! Je suis muni de bonne volonté, d'une dose passable d'argent, et de sang frais; ma mère a eu bien de la peine à m'éloigner d'elle, et j'en profiterais volontiers pour apprendre ici quelque chose d'utile.

MÉPHISTOPHÉLÈS. — Vous êtes vraiment à la bonne source.

L'ÉCOLIER. — A parler vrai, je voudrais déjà m'éloigner. Parmi ces murs, ces salles, je ne me plairai en aucune façon; c'est un espace bien étranglé, où n'y voit point de verdure, point d'arbres, et dans ces salles, sur les bancs, je perds l'ouïe, la vue et la pensée.

MÉPHISTOPHÉLÈS. — Cela ne dépend que de l'habitude: c'est ainsi qu'un enfant, ne saisit d'abord qu'avec répugnance le sein de sa mère, et bientôt cependant y puise avec plaisir sa nourriture. Il en sera de même du sein de la sagesse, vous le désirerez chaque jour davantage.

L'ÉCOLIER. — Je veux me pendre de joie à son cou; cependant, enseignez-moi le moyen d'y parvenir.

MÉPHISTOPHÉLÈS. — Expliquez-vous avant de poursuivre; quelle faculté choisissez-vous?

L'ÉCOLIER. — Je souhaiterais de devenir fort instruit, et j'aimerais assez à pouvoir embrasser tout ce qu'il y a sur la terre et dans le ciel, la science et la nature.

MÉPHISTOPHÉLÈS. — Vous êtes en bon chemin; cependant il ne faudrait pas vous écarter beaucoup.

L'ÉCOLIER. — ... ici corps et âme; mais je serais bien aise de pouvoir disposer ... de liberté et de bon temps aux jours de grandes fêtes, pendant l'été.

MÉPHISTOPHÉLÈS. — Employez le temps, il nous échappe si vite! cependant l'ordre vous apprendra à en gagner. Mon bon ami, je vous conseille avant tout le cours de logique. Là on vous dressera bien l'esprit, on vous l'affublera de bonnes bottes espagnoles, pour qu'il trotte prudemment dans le chemin de la routine, et n'aille pas se promener en zigzag comme un feu follet. Ensuite, on vous apprendra tout le long du jour pour ce que vous faites en un clin d'œil, comme boire et manger, un, deux, trois, est indispensable. Il est de fait que la fabrique des pensées est comme un métier de tisserand, où un mouvement du pied agite des milliers de fils, où la navette monte et descend sans cesse, où les fils glissent invisibles, où mille nœuds se forment d'un seul coup: le philosophe entre ensuite, et vous démontre qu'il doit en être ainsi: le premier est cela, le second cela, donc le troisième et le quatrième cela; et que si le premier et le second n'existaient pas, le troisième et le quatrième n'existeraient pas davantage. Les étudiants de tous les pays prisent fort ce raisonnement, et aucun d'eux pourtant n'est devenu tisserand. Qui veut reconnaître et détruire un être vivant commence par en chasser l'âme: alors il en a entre les mains toutes les parties; mais, hélas! que manque-t-il? rien, que le lien intellectuel. La chimie nomme cela *encheiresin naturæ*; elle se moque ainsi d'elle-même, et l'ignore.

L'ÉCOLIER. — Je ne puis tout à fait vous comprendre.

MÉPHISTOPHÉLÈS. — Cela ira bientôt beaucoup mieux, quand vous aurez appris à tout réduire et à tout classer convenablement.

L'ÉCOLIER. — Je suis si hébété de tout cela, que je crois avoir une roue de moulin dans la tête.

MÉPHISTOPHÉLÈS. — Et puis, il faut avant tout vous mettre à la métaphysique: là vous devrez scruter profondément ce qui ne convient pas au cerveau de l'homme; que cela aille ou n'aille pas, ayez toujours à votre service un mot technique. Mais d'abord, pour cette demi-année, ordonnez votre temps le plus régulièrement possible. Vous avez par jour cinq heures de travail; soyez ici au premier coup de cloche, après vous être préparé toutefois, et avoir bien étudié vos paragraphes, afin d'être d'autant plus sûr de ne rien dire que ce qui est dans le livre; et cependant ayez grand soin d'écrire, comme si le Saint-Esprit dictait.

L'ÉCOLIER. — Vous n'aurez pas besoin de me le dire deux fois; je suis bien pénétré de toute l'utilité de cette méthode: car, quand on a mis du noir sur du blanc, on rentre chez soi tout à fait soulagé.

MÉPHISTOPHÉLÈS. — Pourtant, choisissez-moi une faculté.

L'ÉCOLIER. — Je ne puis m'accommoder de l'étude du droit.

MÉPHISTOPHÉLÈS. — Je ne vous en ferai pas un crime; je sais trop ce que c'est que cette science. Les lois et les droits se succèdent comme une éternelle maladie; ils se traînent de générations en générations, et s'avancent sourdement d'un lieu dans un autre. Raison devient folie, bienfait devient tourment: malheur à toi, fils de tes pères, malheur à toi! car du droit né avec nous, hélas! il n'en est jamais question.

L'ÉCOLIER. — Vous augmentez encore par là mon dégoût: ô heureux celui que vous instruisez! J'ai presque envie d'étudier la théologie.

MÉPHISTOPHÉLÈS. — Je désirerais ne pas vous induire en erreur, quant à ce qui concerne cette science; il est si difficile d'éviter la fausse route; elle renferme un poison si bien caché, qu'on a tant de peine à distinguer du remède! Le mieux est, dans ces leçons-là, si toutefois vous en suivez, de jurer toujours sur la parole du maître. Au total,... arrêtez-vous aux mots! vous arriverez alors par la route la plus sûre au temple de la certitude.

L'ÉCOLIER. — Cependant un mot doit toujours contenir une idée.

MÉPHISTOPHÉLÈS. — Fort bien! mais il ne faut pas trop s'en inquiéter, car, où les idées manquent, un mot peut être substitué à propos; on peut avec des mots discuter fort convenablement; avec des mots bâtir un système; les mots se font croire aisément, on n'en ôterait pas un iota.

L'ÉCOLIER. — Pardonnez si je vous fais tant de questions, mais il faut encore que je vous en importune... Ne me parleriez-vous pas un moment de la médecine? Trois années, c'est bien peu de temps, et, mon Dieu! le champ est si vaste; souvent un seul signe du doigt suffit pour nous mener loin!

MÉPHISTOPHÉLÈS, à part. — Ce ton sec me fatigue, je vais reprendre mon rôle de diable. (*Haut.*) L'esprit de la médecine est facile à saisir; vous étudiez bien le grand et le petit monde, pour les laisser aller enfin à la grâce de Dieu. C'est en vain que vous vous élanceriez après la science, chacun n'apprend que ce qu'il peut apprendre; mais celui qui sait profiter du moment, c'est là l'homme avisé. Vous êtes encore assez bien bâti, la hardiesse n'est pas ce qui vous manque, et si vous avez de la confiance en vous-même, vous en inspirerez à l'esprit des autres. Surtout, apprenez à conduire les femmes; c'est leur éternel *hélas!* modulé sur tant de tons différents, qu'il faut traiter toujours par la même méthode, et tant que vous serez avec elles à moitié respectueux, vous les aurez toutes sous la main. Un titre pompeux doit d'abord les convaincre que votre art surpasse beaucoup tous les autres; alors vous pourrez parfaitement vous permettre certaines choses, dont plusieurs années donneraient à peine le droit à un autre que vous: ayez soin de leur tâter souvent le pouls, et en accompagnant votre geste d'un coup d'œil ardent, passez le bras autour de leur taille élancée, comme pour voir si leur corset est bien lacé.

L'ÉCOLIER. — Cela se comprend de reste: on sait son monde!

MÉPHISTOPHÉLÈS. — Mon bon ami, toute théorie est sèche, et l'arbre précieux de la vie est fleuri.

L'ÉCOLIER. — Je vous jure que cela me fait l'effet d'un rêve; oserai-je vous déranger une autre fois pour profiter plus parfaitement de votre sagesse?

MÉPHISTOPHÉLÈS. — J'y mettrai volontiers tous mes soins.

L'ÉCOLIER. — Il me serait impossible de revenir sans vous avoir cette fois présenté mon album; accordez-moi la faveur d'une remarque...

MÉPHISTOPHÉLÈS. — J'y consens. (Il écrit et le lui rend.) *Eritis sicut Deus, bonum et malum scientes.* (L'écolier salue respectueusement, et se retire.)

MÉPHISTOPHÉLÈS. — Suis seulement la vieille sentence de mon cousin le serpent, et tu douteras bientôt de ta ressemblance divine.

FAUST. — Où devons-nous aller maintenant?

MÉPHISTOPHÉLÈS. — Où il te plaira. Nous pouvons voir le grand monde et le petit: quel plaisir, quelle utilité dans un tel voyage!

FAUST. — Mais, par ma longue barbe, je n'ai pas le plus léger savoir-vivre ; ma tentative n'aura point de succès, car je n'ai jamais su me produire dans le monde ; je me sens si petit en présence des autres ! je serais embarrassé à tout moment.

MÉPHISTOPHÉLÈS. — Mon bon ami, tout cela se gagne ; aie confiance en toi-même, et tu sauras vivre.

FAUST. — Comment sortirons-nous d'ici ? Où auras-tu des chevaux, des valets et un équipage ?

MÉPHISTOPHÉLÈS. — Étendons ce manteau, il nous portera à travers les airs : pour une course aussi hardie, tu ne prends pas un lourd paquet avec toi ; un peu d'air inflammable que je vais préparer nous enlèvera bientôt de terre, et si nous sommes légers, cela ira vite. Je te félicite du nouveau genre de vie que tu viens d'embrasser.

Cave d'Auerbach, à Leipzig.

Écot de joyeux compagnons.

FROSCH. — Personne ne boit ! Personne ne rit ! Je vais vous apprendre à faire la mine ! Vous voilà aujourd'hui à fumer comme de la paille mouillée, vous qui pétillez ordinairement comme un beau feu de joie.

BRANDER. — C'est toi qui en es cause ; tu ne mets rien sur le tapis, pas une grosse bêtise, pas une petite saleté.

FROSCH lui verse un verre de vin sur la tête. — En voici des deux à la fois.

BRANDER. — Double cochon !

FROSCH. — Vous le voulez, j'en conviens !

SIEBEL. — A la porte ceux qui se fâchent ! Qu'on chante à la ronde à gorge déployée, qu'on boive, et qu'on crie ! oh ! eh ! holà ! oh !

ALTMAYER. — Ah Dieu ! je suis perdu ! Apportez du coton ; le drôle me rompt les oreilles !

SIEBEL. — Quand la voûte résonne, on peut juger du volume de la basse.

FROSCH. — C'est juste, à la porte ceux qui prendraient mal les choses ! Ah ! tara lara da !

ALTMAYER. — Ah ! tara lara da !

FROSCH. — Les gosiers sont en voix. (Il chante.)

Le très saint empire romain,
Comment peut-il durer encore ?

BRANDER. — Une sotte chanson ! Fi ! une chanson politique ! une triste chanson !.... Remerciez Dieu chaque matin de n'avoir rien à démêler avec l'empire romain. Je regarde souvent comme un grand bien pour moi de n'être empereur, ni chancelier. Cependant, il ne faut pas que nous manquions de chef ; et nous devons élire un pape. Vous savez quelle est la qualité qui pèse dans la balance pour élever un homme à ce rang.

FROSCH chante.

Lève-toi vite, et va, beau rossignol,
Dix mille fois saluer ma maîtresse.

SIEBEL. — Point de salut à la maîtresse ; je n'en veux rien entendre.

FROSCH. — A ma maîtresse salut et baiser ! Ce n'est pas toi qui m'en empêcheras. (Il chante.)

Tire tes verrous, il est nuit,
Tire tes verrous, l'amant veille ;
Il est tard, tire-les sans bruit.

SIEBEL. — Oui ! chante, chante, loue-la bien, vante-la bien ! J'aurai aussi mon tour de rire. Elle m'a lâché, elle t'en fera autant ! Qu'on lui donne un kobold (1) pour galant, et il pourra badiner avec elle sur le premier carrefour venu. Un vieux bouc, qui revient du Blocksberg, peut, en passant au galop, lui souhaiter une bonne nuit ; mais un brave garçon de chair et d'os est beaucoup trop bon pour une fille de cette espèce ! Je ne lui veux point d'autre salut que de voir toutes ses vitres cassées.

BRANDER, frappant sur la table. — Paix là ! paix là ! écoutez-moi ! vous avouerez, messieurs, que je sais vivre ! il y a des amoureux ici, et je dois, d'après les usages, leur donner pour la bonne nuit tout ce qu'il y a de mieux. Attention ! une chanson de la plus nouvelle facture ! et répétez bien fort la ronde avec moi ! (Il chante.)

Certain rat dans une cuisine
Avait pris place, et le frater
S'y traita si bien, que sa mine
Eût fait envie au gros Luther.

(1) Esprit familier.

Mais un beau jour, le pauvre diable,
Empoisonné, sauta dehors,
Aussi triste, aussi misérable,
Que s'il avait l'amour au corps.

CHŒUR.

Que s'il avait l'amour au corps !

BRANDER.

Il courait devant et derrière ;
Il grattait, reniflait, mordait,
Parcourait la maison entière,
Où de douleur il se tordait...
Au point qu'à le voir en délire
Perdre ses cris et ses efforts,
Les mauvais plaisants pouvaient dire :
Hélas ! il a l'amour au corps !

CHŒUR.

Hélas ! il a l'amour au corps !

BRANDER.

Dans le fourneau, le pauvre sire
Crut enfin se cacher très-bien,
Mais il se trompait, et le pire,
C'est qu'il y creva comme un chien.
La servante, méchante fille,
De son malheur rit bien alors ;
Ah ! disait-elle, comme il grille !...
Il a vraiment l'amour au corps !

CHŒUR.

Il a vraiment l'amour au corps !

SIEBEL. — Comme ces plats coquins se réjouissent ! C'est un beau chef-d'œuvre à citer que l'empoisonnement d'un pauvre rat !

BRANDER. — Tu prends le parti de tes semblables !

ALTMAYER. — Le voilà bien avec son gros ventre et sa tête pelée ! comme son malheur le rend tendre ! Dans ce rat qui crève, il voit son portrait tout craché !

FAUST ET MÉPHISTOPHÉLÈS.

MÉPHISTOPHÉLÈS. — Je dois avant tout t'introduire dans une société joyeuse, afin que tu voies comme on peut aisément mener la vie ! Chaque jour est ici pour le peuple une fête nouvelle ; avec peu d'esprit et beaucoup de *laisser-aller*, chacun d'eux tourne dans son cercle étroit de plaisirs, comme un jeune chat jouant avec sa queue ; tant qu'ils ne se plaignent pas d'un mal de tête, et que l'hôte veut bien leur faire crédit, ils sont contents et sans soucis.

BRANDER. — Ceux-là viennent d'un voyage : on voit à leur air étranger qu'ils ne sont pas ici depuis une heure.

FROSCH. — Tu as vraiment raison ! honneur à notre Leipzig ! c'est un petit Paris, et cela vous forme joliment son monde.

SIEBEL. — Pour qui prends-tu ces étrangers ?

FROSCH. — Laisse-moi faire un peu ; avec une rasade je tirerai les vers du nez à ces marauds comme on tête du lait. Ils me semblent être de noble maison, car ils offrent regard fier et mécontent.

BRANDER. — Ce sont des charlatans, je gage !

ALTMAYER. — Peut-être.

FROSCH. — Attention ! que je le mystifie !

MÉPHISTOPHÉLÈS, à Faust. — Les pauvres gens ne soupçonnent jamais le diable, quand même il les tiendrait à la gorge.

FAUST. — Nous vous saluons, messieurs.

SIEBEL. — Grand merci de votre politesse. (Bas, regardant de travers Méphistophélès.) Qu'a donc ce coquin à clocher sur un pied ?

MÉPHISTOPHÉLÈS. — Nous est-il permis de prendre place parmi vous ? l'agrément de la société nous dédommagera du bon vin qui manque.

ALTMAYER. — Vous avez l'air bien dégoûté.

FROSCH. — Vous serez partis bien tard de Rippach ; avez-vous soupé cette nuit chez M. Jean ? (1)

MÉPHISTOPHÉLÈS. — Nous avons passé sa maison sans nous y arrêter. La dernière fois nous lui avions parlé, il nous entretint longtemps de ses cousins, il nous chargea de leur dire bien des choses. (Il s'incline vers Frosch.)

ALTMAYER, bas. — Te voilà dedans ! Il entend son affaire !

SIEBEL. — C'est un gaillard avisé.

FROSCH. — Eh bien ! attends un peu : je saurai bien le prendre.

MÉPHISTOPHÉLÈS. — Si je ne me trompe, nous entendîmes en en-

(1) Plaisanterie allemande.

trant un chœur de voix exercées? Et certes, les chants doivent, sous ces voûtes, résonner admirablement.

Frosch. — Seriez-vous donc un virtuose?
Méphistophélès. — Oh non ! le talent est bien faible, mais le désir est grand.
Frosch. — Donnez-nous une chanson.
Méphistophélès. — Tant que vous en voudrez.
Siebel. — Mais quelque chose de nouveau.
Méphistophélès. — Nous revenons d'Espagne, c'est l'aimable pays du vin et des chansons. (Il chante.)

Une puce gentille
Chez un prince logeait...

Frosch. — Ecoutez ! une puce !... avez-vous bien saisi cela ? une puce me semble à moi un hôte assez désagréable.

Méphistophélès chante.

Une puce gentille
Chez un prince logeait,
Comme sa propre fille,
Le brave homme l'aimait,
Et (l'histoire l'assure)
Par son tailleur, un jour,
Lui fit prendre mesure
Pour un habit de cour.

Brander. — N'oubliez point d'enjoindre au tailleur de la prendre bien exacte, et que, s'il tient à sa tête, il ne laisse pas faire à la culotte le moindre pli.

Méphistophélès.

L'animal, plein de joie,
Dès qu'il se vit paré
D'or, de velours, de soie,
Et de croix décoré,
Fit venir de province
Ses frères et ses sœurs,
Qui, par ordre du prince,
Devinrent grands seigneurs.

Mais ce qui fut le pire,
C'est que les gens de cour,
Sans en oser rien dire,
Se grattaient tout le jour..
Cruelle politique !
Quel ennui que cela!...
Quand la puce nous pique,
Amis ! écrasons-la !

Chœur, avec acclamation.

Quand la puce nous pique,
Amis ! écrasons-la!

Frosch. — Bravo ! bravo ! voilà du bon !
Siebel. — Ainsi soit-il de toutes les puces !
Brander. — Serrez les doigts et pincez-les ferme !
Altmayer. — Vive la liberté ! vive le vin !
Méphistophélès. — Je boirais volontiers un verre en l'honneur de la liberté, si vos vins étaient tant soit peu meilleurs.
Siebel. — N'en dites pas davantage...
Méphistophélès. — Je craindrais d'offenser l'hôte, sans quoi je ferais goûter aux aimables convives ce qu'il y a de mieux dans notre cave.
Siebel. — Allez toujours ! je prends tout sur moi.
Frosch. — Donnez-nous-en un bon verre, si vous voulez qu'on le loue, car, quand je veux en juger, il me faut que j'aie la bouche bien pleine.
Altmayer. — Ils sont du Rhin, à ce que je crois.
Méphistophélès. — Procurez-moi un foret !
Brander. — Qu'en voulez-vous faire? Vous n'avez pas sans doute vos tonneaux devant la porte.
Altmayer. — Là, derrière, l'hôte a déposé un panier d'outils.
Méphistophélès prend le foret de Frosch. — Dites maintenant ce que vous voulez goûter.
Frosch. — Y pensez-vous? est-ce que vous en auriez de tant de sortes?
Méphistophélès. — Je laisse à chacun le choix libre.
Altmayer, à Frosch. — Ah ! ah ! tu commences déjà à te lécher les lèvres.
Frosch. — Bon ! si j'ai le choix, il me faut du vin du Rhin ; la patrie produit toujours ce qu'il y a de mieux.
Méphistophélès, piquant un trou dans le rebord de la table, à la place où Frosch s'assied. — Procurez-moi un peu de cire pour servir de bouchon.
Altmayer. — Ah çà ! voici de l'escamotage.

Méphistophélès, à Brander. — Et vous?
Brander. — Je désirerais du vin de Champagne, et qu'il fût bien mousseux ! (Méphistophélès continue de forer, et pendant ce temps quelqu'un a fait des bouchons, et les a enfoncés dans les trous.)
Brander. — On ne peut pas toujours se passer de l'étranger ; les bonnes choses sont souvent si loin ! Un Allemand ne peut souffrir les Français, mais pourtant il boit leur vin très volontiers.
Siebel, pendant que Méphistophélès s'approche de sa place. — Je dois l'avouer, je n'aime pas le fort : donnez-moi un verre de quelque chose de doux.
Méphistophélès, forant. — Aussi vais-je vous faire couler du Tokay.
Altmayer. — Non, monsieur ; regardez-moi en face ! Je le vois bien, vous nous faites aller.
Méphistophélès. — Hé ! hé ! avec d'aussi nobles convives, ce serait un peu trop risquer. Allons vite ! voilà assez de dit : de quel vin puis-je servir ?
Altmayer. — De tous ! et assez causé ! (Après que les trous sont forés et bouchés, Méphistophélès se lève.)

Méphistophélès, avec des gestes singuliers.

Si des cornes bien élancées
Croissent au front du bouquetin ;
Si le cep produit du raisin,
Tables en bois de trous percées
Pouvront aussi donner du vin.
C'est un miracle, je vous le jure
Mais, messieurs, comme vous savez,
Rien d'impossible à la nature ! —
Débouchez les trous, et buvez !

Tous, tirant les bouchons et recevant dans leurs verres le vin désiré par chacun. — La belle fontaine qui nous coule là !
Méphistophélès. — Gardez-vous surtout de rien répandre.

Tous chantent.

Nous buvons, nous buvons,
Comme cinq cents cochons !

(Ils se remettent à boire.)

Méphistophélès. — Voilà mes coquins lancés, vois comme ils y vont.
Faust. — J'ai envie de m'en aller.
Méphistophélès. — Encore une minute d'attention, et tu vas voir la bestialité dans toute sa candeur.
Siebel boit sans précaution, le vin coule à terre et se change en flamme. — Au secours ! au feu ! au secours ! l'enfer brûle !
Méphistophélès, parlant de la flamme. — Calme-toi, mon élément chéri ! (Aux compagnons.) Pour cette fois, ce n'était rien qu'une goutte de feu du Purgatoire.
Siebel. — Qu'est-ce que cela signifie ? Attendez ! vous le paierez cher ; il paraît que vous ne nous connaissez guère.
Frosch. — Je lui conseille de recommencer !
Altmayer. — Mon avis est qu'il faut le prier poliment de s'en aller.
Siebel. — Que veut ce monsieur? Oserait-il mettre en œuvre ici son *hocuspocus* (1) ?
Méphistophélès. — Paix ! vieux sac à vin !
Siebel. — Manche à balai ! tu veux encore faire le malin !
Brander. — Attends un peu les coups vont pleuvoir !
Altmayer tire un bouchon de la table, un jet de feu s'élance et l'atteint. — Je brûle ! je brûle !
Siebel. — Sorcellerie !..... sautez dessus ! le coquin va nous le payer ! (Ils tiennent leurs couteaux, et s'élancent vers Méphistophélès.)

Méphistophélès, avec des gestes graves.

Tableaux et paroles magiques,
Par vos puissants enchantements
Troublez leurs esprits et leurs sens !

(Ils se regardent l'un l'autre avec étonnement.)

Altmayer. — Où suis-je ? Quel beau pays !
Frosch. — Un coteau de vignes ! y vois-je bien ?
Siebel. — Et des grappes sous la main.
Brander. — Là, sous les pampres verts, voyez quel pied ! voyez quelle grappe. (Il prend Siebel par le nez, les autres en font autant mutuellement, et lèvent les couteaux.)

Méphistophélès, comme plus haut.

Maintenant, partons : c'est assez !
Source de vin, riche vendange,

(1) Terme de sorcellerie.

Illusions, disparaissez !...
C'est ainsi que l'enfer se venge.
(Il disparaît avec Faust ; tous les compagnons lâchent prise.)

Siebel. — Qu'est-ce que c'est ?
Altmayer. — Quoi ?
Frosch. — Tiens ! c'était donc ton nez !
Brander, à Siebel. — Et j'ai le tien dans la main !
Altmayer. — C'est un coup à vous rompre les membres. Apportez siége, je tombe en défaillance.
Frosch. — Non, dis-moi donc ce qui est arrivé.
Siebel. — Où est-il, le drôle ? Si je l'attrape, il ne sortira pas vivant de mes mains.
Altmayer. — Je l'ai vu passer par la porte de la cave... à cheval sur un tonneau... J'ai les pieds lourds comme du plomb. (Il se retourne vers la table.) Ma foi ! le vin devrait bien encore couler !
Siebel. — Tout cela n'était que tromperie, illusion et mensonge !
Frosch. — J'aurais pourtant bien juré boire du vin.
Brander. — Mais que sont devenues ces belles grappes ?
Altmayer. — Qu'on vienne dire encore qu'il ne faut pas croire aux miracles !

Cuisine de sorcière.

(Dans un âtre enfoncé, une grosse marmite est sur le feu. À travers la vapeur qui s'en élève, apparaissent des figures singulières. Une *guenon*, assise près de la marmite, l'écume, et veille à ce qu'elle ne répande pas. Le mâle, avec ses petits, est assis près d'elle, et se chauffe. Les murs et le plafond sont tapissés d'outils singuliers à l'usage de la sorcière.)

FAUST, MÉPHISTOPHÉLÈS.

Faust. — Tout cet étrange appareil de sorcellerie me répugne ; quelles jouissances peux-tu me promettre au sein de cet amas d'extravagances ? Quels conseils attendre d'une vieille femme ? Et y a-t-il dans cette cuisine quelque breuvage qui puisse m'ôter trente ans de dessus le corps ! Malheur à moi, si tu ne sais rien de mieux ! J'ai déjà perdu toute espérance. Se peut-il que la nature et qu'un esprit supérieur n'aient point un baume capable d'adoucir mon sort ?
Méphistophélès. — Mon ami, tu parles encore avec sagesse. Il y a bien, pour se rajeunir, un moyen tout naturel, mais il se trouve dans un autre livre, et c'en est un singulier chapitre.
Faust. — Je veux le connaître.
Méphistophélès. — Bon ! c'est un moyen qui ne demande argent, médecine, ni sortilége ; rends-toi tout de suite dans les champs, mets-toi à bêcher et à creuser, resserre ta pensée dans un cercle étroit, contente-toi d'une nourriture simple ; vis comme une bête avec les bêtes, et ne dédaigne pas de fumer toi-même ton patrimoine ; c'est, crois-moi, le meilleur moyen de te rajeunir de quatre-vingts ans.
Faust. — Je n'en ai point l'habitude, et je ne saurais m'accoutumer à prendre en main la bêche. Une vie étroite n'est pas ce qui me convient.
Méphistophélès. — Il faut donc que la sorcière s'en mêle.
Faust. — Mais pourquoi justement cette vieille ? ne peux-tu brasser toi-même le breuvage ?
Méphistophélès. — Ce serait un beau passe-temps ! j'aurais plus tôt fait de bâtir mille ponts. Ce travail demande non seulement de l'art et du savoir, mais encore beaucoup de patience. Un esprit tranquille emploie bien des années à le confectionner. Le temps peut seul donner de la vertu à la fermentation ; et tous les ingrédients qui s'y rapportent sont des choses bien étranges ! Le diable le lui a enseigné, mais ne pourrait pas le faire lui-même. (Il aperçoit les animaux.) Vois, quelle gentille espèce ! voici la servante, voilà le valet..... (Aux animaux.)

Je n'aperçois pas, mes amis,
La bonne femme !

LES ANIMAUX.

Elle est allée,
Par le tuyau de la cheminée,
Dîner sans doute hors du logis.

MÉPHISTOPHÉLÈS.

Mais, pour sa course, d'ordinaire,
Quel temps prend-elle cependant ?

LES ANIMAUX.

Le temps que nous prenons à faire...
Chauffer nos pieds en l'attendant.

Méphistophélès, à Faust. — Comment trouves-tu ces aimables animaux ?
Faust. — Les plus dégoûtants que j'aie jamais vus.

Méphistophélès. — Non ! un langage comme celui-là est justement ce qui me convient le mieux. (Aux animaux.)

Dites-moi, drôles que vous êtes,
Qu'est-ce que vous brassez ainsi ?

LES ANIMAUX.

Nous faisons la soupe des bêtes.

MÉPHISTOPHÉLÈS.

Vous avez bien du monde ici ?

LE CHAT s'approche et flatte Méphistophélès.

Oh ! jouons tous deux,
Et fais ma fortune ;
Un peu de pécune
Me rendrait heureux.
Ami, jouons, de grâce !
Pauvre, je ne suis rien,
Mais, si j'avais du bien,
J'obtiendrais une belle place.

Méphistophélès. — Comme il s'estimerait heureux, le singe, s'il pouvait seulement mettre à la loterie ! (Pendant ce temps les autres animaux jouent avec une grosse boule, et la font rouler.)

LE CHAT.

Voici le monde :
La boule ronde
Monte et descend ;
Creuse et légère,
Qui, comme verre,
Craque et se fend :
Fuis, cher enfant !
Cette parcelle
Dont l'étincelle
Te plaît si fort...
Donne la mort !

MÉPHISTOPHÉLÈS.

Dites, à quoi sert ce crible (?) ?

LE CHAT le ramasse.

Il rend l'âme aux yeux visible :
Ne serais-tu pas un coquin ?
On pourrait t'y reconnaître.

(Il court vers la femelle, et la fait regarder au travers.)

Regarde bien par ce trou-là,
Ma chère, tu pourras peut-être
Nommer le drôle que voilà.

Méphistophélès, s'approchant du feu.

Qu'est-ce donc que cette soupe ?

LE CHAT ET LA CHATTE.

Il ne connaît pas le pot,
Le pot à faire la soupe...
Vit-on jamais pareil sot ?

MÉPHISTOPHÉLÈS.

Silence, animaux malhonnêtes.

LE CHAT.

Dans ce fauteuil mets-toi soudain,
Et prends cet éventail en main,
Tu seras le roi des bêtes.

(Il oblige Méphistophélès à s'asseoir.)

Faust, qui pendant ce temps s'est toujours tenu devant le miroir, tantôt s'en approchant, tantôt s'en éloignant. — Que vois-je ? quelle céleste image se montre dans ce miroir magique ! O amour, prête-moi la plus rapide de tes ailes, et transporte-moi dans la région qu'elle habite. Ah ! quand je ne reste pas à cette place, quand je me hasarde à m'avancer davantage, je ne puis plus la voir que comme à travers un nuage ! — La plus belle forme de la femme ! Est-il possible qu'une femme ait tant de beauté ? Dois-je, dans ce corps étendu à ma vue, trouver l'abrégé des merveilles de tous les cieux ? Quelque chose de pareil existe-t-il sur la terre ?
Méphistophélès. — Naturellement, quand un Dieu se met à l'œuvre pendant six jours, et se dit enfin bravo à lui-même, il en doit résulter quelque chose de passable. Pour cette fois, regarde à

cabalistique, qui sert à reconnaître ceux qui ont volé.

satiété, je saurai bien te déterrer un semblable trésor : et heureux celui qui a la bonne fortune de l'emmener chez soi comme épouse ! (Faust regarde toujours dans le miroir, Méphistophélès, s'étendant dans le fauteuil, et jouant avec l'éventail, continue de parler.) Me voilà assis comme un roi sur son trône ; je tiens le sceptre, il ne me manque plus que la couronne.

LES ANIMAUX, qui jusque-là avaient exécuté mille mouvements bizarres, apportent, avec de grands cris, une couronne à Méphistophélès.

Daigne la prendre, mon maître,
En voici tous les éclats,
Avec du sang tu pourras
La raccommoder peut-être.

(Ils courent gauchement vers la couronne et la brisent en deux morceaux avec lesquels ils dansent en rond.)

Fort bien ! recommençons...
Nous parlons, nous voyons ;
Nous écoutons et rimons.

FAUST, devant le miroir. — Malheur à moi ! j'en suis tout étourdi !
MÉPHISTOPHÉLÈS, montrant les animaux. — La tête commence à me tourner à moi-même.

LES ANIMAUX.

Si cela nous réussit,
Ma foi, gloire à notre esprit !

FAUST, comme plus haut. — Mon cœur commence à s'enflammer ! Éloignons-nous bien vite !
MÉPHISTOPHÉLÈS, dans la même position. — On doit au moins convenir que ce sont de francs poètes. (La marmite, que la guenon a laissée un instant sans l'écumer, commence à déborder ; il s'élève une grande flamme qui monte violemment dans la cheminée. La sorcière descend à travers la flamme en poussant des cris épouvantables.)

LA SORCIÈRE.

Au ! au ! au ! au !
Chien de pourceau !
Tu répands la soupe,
Et tu rôtis ma peau !
A bas ! maudite troupe !

(Apercevant Méphistophélès et Faust.)

Que vois-je ici ?
Qui peut entrer ainsi
Dans mon laboratoire ?
A moi, mon vieux grimoire !
A vous le feu !
Vos os vont voler beau jeu !

(Elle plonge l'écumoire dans la marmite, et lance les flammes après Faust, Méphistophélès et les animaux. Les animaux hurlent.)

MÉPHISTOPHÉLÈS lève l'éventail qu'il tient à la main, et frappe à droite et à gauche sur les verres et les pots.

En deux ! en deux !
Ustensiles de sorcières,
Vieux flacons, vieux pots, vieux verres !..
En deux ! en deux !
Toi, tu m'as l'autre bien hardie ;
Attends, un bâton
Va régler le ton
De ta mélodie.

(Pendant que la sorcière recule, pleine de colère et d'effroi.)

Me reconnais-tu, squelette, épouvantail ! Reconnais-tu ton seigneur et maître ? Qui me retient de frapper et de te mettre en pièces, toi et tes esprits-chats ? N'as-tu plus de respect pour le pourpoint rouge ? Méconnais-tu la plume de coq ? ai-je caché ce visage ? Il faudra donc que je me nomme moi-même ?
LA SORCIÈRE. — O seigneur ! pardonnez-moi cet accueil un peu rude ! Je ne vois cependant pas le pied cornu..... Qu'avez-vous donc fait de vos deux corbeaux ?
MÉPHISTOPHÉLÈS. — Tu t'en tireras pour cette fois, car il y a bien du temps que nous ne nous sommes vus. La civilisation, qui polit le monde entier, s'est étendue jusqu'au diable ; on ne voit plus maintenant de fantômes du nord, plus de cornes, de queue et de griffes ! Et pour ce qui concerne ce pied, dont je ne puis me défaire, il me nuirait dans le monde ; aussi, comme beaucoup de jeunes gens, j'ai depuis longtemps adopté la mode des faux mollets.

LA SORCIÈRE, dansant.

J'en perds l'esprit, je crois,
Monsieur Satan chez moi !

MÉPHISTOPHÉLÈS. — Point de nom pareil, femme, je t'en prie !
LA SORCIÈRE. — Pourquoi ? que vous a-t-il fait ?
MÉPHISTOPHÉLÈS. — Depuis bien des années il est inscrit au livre des fables ; mais les hommes n'en sont pas pour cela devenus meilleurs : ils sont délivrés du malin, mais les malins sont restés. Que tu m'appelles monsieur le baron, à la bonne heure ! Je suis vraiment un cavalier comme bien d'autres : tu ne peux douter de ma noblesse ; tiens, voilà l'écusson que je porte ! (Il fait un geste indécent.)
LA SORCIÈRE rit immodérément. — Ha ! ha ! ce sont bien là de vos manières ! vous êtes un aimable coquin comme vous fûtes toujours !
MÉPHISTOPHÉLÈS, à Faust. — Mon ami, voilà de quoi t'instruire ! C'est ainsi qu'on se conduit avec les sorcières.
LA SORCIÈRE. — Dites maintenant, messieurs, ce que vous désirez.
MÉPHISTOPHÉLÈS. — Un bon verre de la liqueur que tu sais, mais de la plus vieille, je te prie, car les années doublent sa force.
LA SORCIÈRE. — Bien volontiers ! j'en ai un flacon, dont quelquefois je goûte moi-même, elle n'a plus la moindre puanteur, je vous en donnerai un petit verre. (Bas à Méphistophélès.) Mais si cet homme en boit sans être préparé, il n'a pas, comme vous le savez, une heure à vivre.
MÉPHISTOPHÉLÈS. — C'est un ami, et la liqueur ne peut que lui faire du bien ; je lui donnerais sans crainte la meilleure de toute ta cuisine. Trace ton cercle, dis tes paroles, et donne-lui une tasse pleine. (La sorcière, avec des gestes singuliers, trace un cercle où elle place mille choses bizarres. Cependant, les verres commencent à résonner, la marmite à tonner, comme faisant de la musique. Enfin, elle apporte un gros livre, et place les chats dans le cercle, où ils lui servent de pupitre et tiennent les flambeaux. Elle fait signe à Faust de marcher à elle.)
FAUST, à Méphistophélès. — Non ! dis-moi ce que tout cela va devenir. Cette folle engeance, ces gestes extravagants, cette ignoble sorcellerie, me sont assez connus et me dégoûtent assez.
MÉPHISTOPHÉLÈS. — Chansons ! ce n'est que pour rire, ne fais donc pas tant l'homme grave ! Elle doit, comme médecin, faire un hocuspocus, afin que le philtre te soit profitable. (Il contraint Faust d'entrer dans le cercle.)

LA SORCIÈRE, avec beaucoup d'emphase, prend le livre pour déclamer.

Ami, crois à mon système :
Avec un, dix tu feras ;
Avec deux et trois de même,
Ainsi tu t'enrichiras.
Passe le quatrième.
Le cinquième et sixième,
La sorcière l'a dit :
Le septième et huitième
Réussiront de même.....

C'est là que finit
L'œuvre de la Sorcière :
Si neuf est un,
Dix n'est aucun.
Voilà tout le mystère !

FAUST. — Il me semble que la vieille parle dans la fièvre.
MÉPHISTOPHÉLÈS. — Il n'y en a pas long maintenant : je connais bien tout cela, son livre est plein de ces fadaises. J'y ai perdu bien du temps, car une parfaite contradiction est aussi mystérieuse pour les sages que pour les fous. Mon ami, l'art est vieux et nouveau. Ce fut l'usage de tous les temps de propager l'erreur en place de la vérité par trois et un, et un trois : sans cesse on babille sur ce sujet, on apprend cela comme bien d'autres choses ; mais qui va se tourmenter à comprendre de telles folies ? L'homme croit d'ordinaire, quand il entend des mots, qu'ils doivent absolument contenir une pensée.

LA SORCIÈRE continue.

La science la plus profonde
N'est donnée à personne au monde ;
Par travail, argent peine, ou soins :
La connaissance universelle
En un seul instant se révèle
A ceux qui la cherchèrent le moins.

FAUST. — Quel contre-sens elle nous dit ! Tout cela me brise la tête, il me semble entendre un chœur de cent mille fous.
MÉPHISTOPHÉLÈS. — Assez ! assez ! très excellente sibylle ! donne ici ta potion, et que la coupe soit pleine jusqu'au bord : ce breuvage ne peut nuire à mon ami ; c'est un homme qui a passé par plusieurs grades, et qui en a fait des siennes ! (La sorcière, avec beaucoup de cérémonie, verse la boisson dans le verre ; au moment où il la porte à la bouche, il s'élève une légère flamme.)
MÉPHISTOPHÉLÈS. — Vivement ! encore un peu ! cela va bien te réchauffer le cœur. Comment, tu es avec le diable à tu et à toi, et la flamme t'épouvante ! (La sorcière efface le cercle. Faust en sort.)
MÉPHISTOPHÉLÈS. — En avant ! il ne faut pas s'arrêter.
LA SORCIÈRE. — Puisse ce petit coup vous faire du bien !

MÉPHISTOPHÉLÈS, à la sorcière. — Et si je puis quelque chose pour toi, fais-le-moi savoir au sabbat.

LA SORCIÈRE. — Voici une chanson ! chantez-la quelquefois, vous en éprouverez des effets singuliers.

MÉPHISTOPHÉLÈS, à Faust. — Viens vite, et laisse-toi conduire ; il est nécessaire que tu transpires, afin que la vertu de la liqueur agisse dedans et dehors. Je te ferai ensuite apprécier les charmes d'une noble oisiveté, et tu reconnaîtras bientôt, à des transports secrets, l'influence de Cupidon, qui voltige çà et là autour du monde dans les espaces de l'azur.

FAUST. — Laisse-moi jeter encore un regard rapide sur ce miroir, cette image de femme était si belle !

MÉPHISTOPHÉLÈS. — Non ! non ! tu vas voir devant toi, tout-à-l'heure, le modèle des femmes en personne vivante. (A part.)

Avec cette boisson dans le corps, tu verras, dans chaque femme, une Hélène.

Une rue.

FAUST, MARGUERITE, passant.

FAUST. — Ma jolie demoiselle, oserai-je hasarder de vous offrir mon bras et ma conduite ?

MARGUERITE. — Je ne suis ni demoiselle ni jolie, et je puis aller à la maison sans être conduite par personne. (Elle se dégage et s'enfuit.)

FAUST. — Par le ciel ! c'est une belle enfant : je n'ai encore rien vu de semblable ; elle semble si honnête et si vertueuse, et elle a pourtant en même temps quelque chose de si piquant ! De mes jours je n'oublierai la rougeur de ses lèvres, l'éclat de ses joues ! comme elle baissait les yeux ; ah ! elle s'est profondément gravée dans mon cœur ; comme elle s'est vite dégagée !... il y a de quoi me ravir !

MÉPHISTOPHÉLÈS s'avance.

FAUST. — Écoute, il faut me faire avoir la jeune fille.
MÉPHISTOPHÉLÈS. — Eh ! laquelle ?
FAUST. — Celle qui passait ici tout-à-l'heure.
MÉPHISTOPHÉLÈS. — Celle-là ! Elle sort de chez son confesseur, qui l'a absoute de tous ses péchés : je m'étais glissé tout contre sa place. C'est bien innocent ; cela va à confesse pour un rien ; je n'ai aucune prise sur elle.

FAUST. — Elle a pourtant plus de quatorze ans.
MÉPHISTOPHÉLÈS. — Vous parlez bien comme Jean-le-Chanteur, qui convoite toutes les plus belles fleurs, et s'imagine acquérir honneur et faveur sans avoir à les mériter. Mais il n'en est pas toujours ainsi.

FAUST. — Monsieur le magister, laissez-moi en paix ; et je vous le dis bref et bien : si la douce jeune fille ne repose pas ce soir dans mes bras, à minuit nous nous séparons.

MÉPHISTOPHÉLÈS. — Songez à quelque chose de faisable, il me faudrait quinze jours au moins, seulement pour guetter l'occasion.

FAUST. — Sept heures devant moi, et l'aide du diable me serait inutile pour séduire une petite créature semblable ?

MÉPHISTOPHÉLÈS. — Vous parlez déjà presque comme un Français ; cependant, je vous prie, ne vous chagrinez pas. A quoi sert-il d'être si pressé de jouir ? Le plaisir est beaucoup moins vif que si d'avance, et avec toutes sortes de fanfreluches, vous façonniez et pariez vous-même votre petite poupée, comme on le voit dans maints contes gaulois.

FAUST. — J'ai aussi de l'appétit sans cela.
MÉPHISTOPHÉLÈS. — Maintenant, sans invectives ni railleries, je vous dis une fois pour toutes qu'on ne peut aller si vite avec cette belle enfant. Il ne faut là employer nulle violence, et nous devons nous accommoder de la ruse.

FAUST. — Va me chercher quelque chose de cet ange ; conduis-moi au lieu où elle repose ! apporte-moi un fichu qui ait couvert son sein, un ruban de ma bien-aimée.

MÉPHISTOPHÉLÈS. — Vous verrez par là que je veux sincèrement plaindre et adoucir votre peine : ne perdons pas un moment ; dès aujourd'hui, je vous conduis dans sa chambre.

FAUST. — Et je pourrai la voir, la posséder ?
MÉPHISTOPHÉLÈS. — Non, elle sera chez une voisine. Cependant vous pourrez, en l'attente du bonheur futur, vous enivrer à loisir de l'air qu'elle aura respiré.

FAUST. — Partons-nous ?
MÉPHISTOPHÉLÈS. — Il est encore trop tôt.
FAUST. — Procure-moi donc un présent pour elle. (Il sort.)
MÉPHISTOPHÉLÈS. — Déjà des présents ; c'est bien ! Voilà le moyen de réussir ! Je connais mainte belle place et maint vieux trésor bien enterré ; je veux les passer un peu en revue. (Il sort.)

Le soir.

UNE PETITE CHAMBRE BIEN RANGÉE.

MARGUERITE, tressant ses nattes et les attachant. — Je donnerais quelque chose pour savoir quel est le seigneur de ce matin : il a, certes, le regard noble et sort de bonne maison, comme on peut le lire sur son front... Il n'eût pas sans cela été si hardi. (Elle sort.)

MÉPHISTOPHÉLÈS. — Entrez tout doucement ! entrez donc !
FAUST, après quelques instants de silence. — Je t'en prie, laisse-moi seul.

MÉPHISTOPHÉLÈS, parcourant la chambre. — Toutes les jeunes filles n'ont pas autant d'ordre et de propreté. (Il sort.)

FAUST, regardant à l'entour. — Sois bien venu, doux crépuscule, qui éclaires ce sanctuaire. Saisis mon cœur, douce peine d'amour, qui vis dans ta faiblesse de la rosée de l'espérance ! Comme tout ici respire le sentiment du silence, de l'ordre, du contentement ! Dans cette misère, que de plénitude ! Dans ce cachot, que de félicité ! (Il se jette sur le fauteuil de cuir, près du lit.) Oh ! reçois-moi, toi qui as déjà reçu dans tes bras ouverts des générations en joie et en douleur ! Ah ! que de fois une troupe d'enfants s'est suspendue autour de ce trône paternel ! Peut-être, en souvenir du Christ, ma bien-aimée, entourée d'une jeune famille, a baisé ici la main flétrie de son aïeul. Je sens, ô jeune fille ! ton esprit d'ordre murmurer autour de moi, cet esprit qui règle tes jours comme une tendre mère, qui t'instruit à étendre proprement le tapis sur la table, et te fait remarquer même les grains de poussière qui crient sous tes pieds. O main si chère ! si divine ! La cabane devient par toi riche comme le ciel. Et là... (Il relève un rideau de lit.) Quelles délices cruelles s'emparent de moi ! Je pourrais ici couler des heures entières. Nature ! ici tu faisais rêver doucement cet ange incarné. Ici reposait cette enfant, dont le sang palpitait d'une vie nouvelle ; et ici, avec un saint et pur frémissement, se formait cette image de Dieu.

Et toi, qui t'y a conduit ? De quels sentiments te trouves-tu agité ? Que veux-tu ici ? Pourquoi ton cœur se serre-t-il ?... Malheureux Faust, je ne te reconnais plus !

Est-ce une vapeur enchantée qui m'entoure en ces lieux ? Je me sens avide de plaisirs, et je me laisse aller aux songes de l'amour ; serions-nous le jouet de chaque souffle de l'air ?

Si elle rentrait en ce moment !... comme le cœur te battrait de la faute : comme le grand homme serait petit ! comme il tomberait confondu à ses pieds !

MÉPHISTOPHÉLÈS. — Vite, le faut revenir.
FAUST. — Allons, allons, je n'y reviens plus.
MÉPHISTOPHÉLÈS. — Voici une petite cassette assez lourde que j'ai prise quelque part, placez-la toujours dans l'armoire, et je vous jure que l'esprit va lui en tourner. Je vous donne là une petite chose, afin de vous en acquérir une autre : il est vrai qu'un enfant est un enfant, et qu'un jeu est un jeu.

FAUST. — Je ne sais si je dois...
MÉPHISTOPHÉLÈS. — Pouvez-vous le demander ? Vous pensez peut-être à garder le trésor : en ce cas, je conseille à votre avarice de m'épargner le temps, qui est si cher, et une peine plus longue. Je n'espère point de vous voir jamais plus sensé ; j'ai beau, pour cela, me gratter la tête, me frotter les mains... (Il met la cassette dans l'armoire et en referme la serrure.) Allons, venez vite ! vous voulez amener à vos vœux et à vos désirs une aimable jeune fille, et vous voilà planté là comme si vous alliez entrer dans un auditoire, et comme si la physique et la métaphysique étaient là devant vous en personnes vivantes. Venez donc. (Ils sortent.)

MARGUERITE, avec une lampe. — Que l'air ici est épais et étouffant ! (Elle ouvre la fenêtre.) Il ne fait cependant pas si chaud dehors. Quant à moi, je suis toute je ne sais comment... Je souhaiterais que ma mère ne revînt pas à la maison. Un frisson me court par tout le corps... Ah ! je m'effraye follement. (Elle se met à chanter en se déshabillant.)

Il était un Roi de Thulé
A qui son amante fidèle
Légua, comme souvenir d'elle
Une coupe d'or ciselé.

C'était un trésor plein de charmes
Où son amour se conservait ;
A chaque fois qu'il y buvait
Ses yeux se remplissaient de larmes.

Voyant ses derniers jours venir,
Il divisa son héritage,
Mais il excepta du partage
La coupe, son cher souvenir.

Il fit à la table royale
Asseoir les barons dans sa tour ;
Debout et rangée à l'entour
Brillait la noblesse loyale.

Sous le balcon grondait la mer :
Le vieux roi se lève en silence
Il boit, et soudain sa main lance
La coupe d'or au flot amer.

Il la vit tourner dans l'eau noire,
La vague en s'ouvrant fit un pli,
Le roi pencha son front pâli...
Jamais on ne le vit plus boire !

(Elle ouvre l'armoire pour serrer ses habits, et voit l'écrin.)

Comment cette belle cassette est-elle venue ici dedans? j'avais pourtant sûrement fermé l'armoire. Cela m'étonne : que peut-il s'y trouver? Peut-être quelqu'un l'a-t-il apportée comme un gage, sur lequel ma mère aura prêté. Une petite clef y pend à un ruban. Je puis donc l'ouvrir sans indiscrétion. Qu'est cela? Dieu du ciel! je n'ai de mes jours rien vu de semblable. Une parure!... dont une grande dame pourrait se faire honneur aux jours de fête. Comme cette chaîne m'irait bien! à qui peut appartenir tant de richesse? (Elle s'en pare, et va devant le miroir.) Si seulement ces boucles d'oreilles étaient à moi! cela vous donne un tout autre air. Jeunes filles, à quoi sert la beauté? C'est bel et bon ; mais on laisse tout cela ; si l'on vous loue, c'est presque par pitié. Tout se presse après l'or ; de l'or tout dépend. Ah! pauvres filles que nous sommes!

Une promenade

FAUST, dans ses pensées, et se promenant.

MÉPHISTOPHÉLÈS, s'approchant. — Par tout amour dédaigné! par les éléments de l'enfer! je voudrais savoir quelque chose de plus odieux, que je puisse maudire.

FAUST. — Qu'as-tu qui t'intrigue si fort? je n'ai vu de ma vie une figure pareille.

MÉPHISTOPHÉLÈS. — Je me donnerais volontiers au diable, si je ne l'étais moi-même.

FAUST. — Quelque chose s'est-il dérangé dans ta tête? ou cela t'amuse-t-il de tempêter comme un enragé?

MÉPHISTOPHÉLÈS. — Songez donc à ceci : un prêtre a raflé la parure offerte à Marguerite !... Sa mère prend la chose pour la voir, et cela commence à lui causer un dégoût secret! La dame à l'odorat fin, elle renifle sans cesse dans les livres de prières, et flaire chaque meuble l'un après l'autre, pour voir s'il est saint ou profane ; ayant, à la vue des bijoux, clairement jugé que ce n'était pas là une grande bénédiction : « Mon enfant, s'écria-t-elle, bien injustement acquis asservit l'âme et brûle le sang : consacrons le tout à la mère de Dieu, et elle nous réjouira par la manne du ciel! » La petite Marguerite fit une moue assez gauche : Cheval donné, pensa-t-elle, est toujours bon ; et vraiment celui qui a si adroitement apporté ceci ne peut être un impie. La mère fit venir un prêtre : celui-ci eut à peine entendu un mot de cette bagatelle, que son attention se porta là tout entière, et il lui dit : « Que cela est bien pensé! celui qui surmonte ses sens ne peut qu'y gagner. L'Église a un bon estomac, elle a dévoré des pays entiers sans jamais cependant avoir d'indigestion. L'Église seule, mes chères dames, peut digérer un bien mal acquis.»

FAUST. — C'est son usage le plus commun ; juifs et rois le peuvent aussi.

MÉPHISTOPHÉLÈS. — Il saisit là-dessus colliers, chaînes et boucles, comme si ce ne fût qu'une bagatelle, ne remercia ni plus ni moins que pour un panier de noix, leur promit les dons du ciel... et elles furent très édifiées.

FAUST. — Et Marguerite?

MÉPHISTOPHÉLÈS. — Elle est assise, inquiète, ne sait ce qu'elle veut, ni ce qu'elle doit ; pense à l'écrin jour et nuit, mais plus encore à celui qui l'a apporté.

FAUST. — Le chagrin de ma bien-aimée me fait souffrir : va vite me chercher un autre écrin ; le premier n'avait pas déjà tant de valeur.

MÉPHISTOPHÉLÈS. — Oh! oui, pour monsieur tout est enfantillage!

FAUST. — Fais et établis cela d'après mon idée : attache-toi à la voisine, sois un diable et non un enfant, et apporte-moi un nouveau présent.

MÉPHISTOPHÉLÈS. — Oui, gracieux maître, de tout cœur.

MÉPHISTOPHÉLÈS, seul. — Un pareil fou, amoureux, serait capable vous tirer en l'air le soleil, la lune et les étoiles, comme un feu d'artifice pour le divertissement de sa belle. (Il sort.)

La maison de la voisine.

MARTHE, seule. — Que Dieu pardonne à mon cher mari, il n'a rien fait de bon pour moi ; il s'en est allé au loin par le monde, et m'a laissée seule sur le fumier. Je ne l'ai cependant guère tourmenté, et je n'ai fait, Dieu le sait, que l'aimer de tout mon cœur. (Elle pleure.) Peut-être est-il déjà mort! — O douleur! — Si j'avais seulement son extrait mortuaire!

MARGUERITE entre. — Madame Marthe!

MARTHE. — Que veux-tu, petite Marguerite?

MARGUERITE. — Mes genoux sont prêts à se dérober sous moi ; j'ai retrouvé dans mon armoire un nouveau coffre, du même bois et contenant des choses bien plus riches sous tous les rapports que le premier.

MARTHE. — Il ne faut pas le dire à ta mère : elle irait encore le porter à son confesseur.

MARGUERITE. — Mais voyez donc, admirez donc!

MARTHE, la parant. — Heureuse créature!

MARGUERITE. — Pauvre comme je suis, je n'oserais pas me montrer ainsi dans les rues, ni à l'église.

MARTHE. — Viens souvent me trouver, et tu essaieras ici en secret ces parures, tu pourras te promener une heure devant le miroir : nous y trouverons toujours du plaisir ; et s'il vient ensuite une occasion, une fête, on fera voir aux gens tout cela l'un après l'autre. D'abord une petite chaîne, ensuite une perle à l'oreille. Ta mère ne se doutera de rien, et on lui fera quelque histoire.

MARGUERITE. — Qui a donc pu apporter ici ces deux petites cassettes? Cela n'est pas naturel. (On frappe.)

MARTHE, regardant par le rideau. — C'est un monsieur étranger. — Entrez!

MÉPHISTOPHÉLÈS entre. — Je suis bien hardi d'entrer si brusquement, et j'en demande pardon à ces dames. (Il s'incline devant Marguerite.) Je désirerais parler à madame Marthe Swerdlein.

MARTHE. — C'est moi ; que me veut monsieur?

MÉPHISTOPHÉLÈS, bas. — Je vous connais maintenant ; c'est assez pour moi ; vous avez là une visite d'importance : pardonnez-moi la liberté que j'ai prise, je reviendrai cet après-midi.

MARTHE, galment. — Vois, mon enfant, ce que c'est que le monde, monsieur te prend pour une demoiselle.

MARGUERITE. — Je ne suis qu'une pauvre jeune fille ; ah! Dieu! monsieur est bien bon, la parure et les bijoux ne sont point à moi.

MÉPHISTOPHÉLÈS. — Ah! ce n'est pas seulement la parure ; vous avez un air si fin... je me réjouis de pouvoir rester.

MARTHE. — Qu'annonce-t-il donc? Je désirerais bien...

MÉPHISTOPHÉLÈS. — Je voudrais apporter une nouvelle plus gaie, mais j'espère que vous ne m'en ferez pas porter la peine ; votre mari est mort, et vous fait saluer.

MARTHE. — Il est mort! le pauvre cœur! O ciel! mon mari est mort! ah! je m'évanouis!

MARGUERITE. — Ah! chère dame, ne vous désespérez pas.

MÉPHISTOPHÉLÈS. — Écoutez-en la tragique aventure.

MARTHE. — Oui, racontez-moi la fin de sa carrière.

MÉPHISTOPHÉLÈS. — Il gît à Padoue, enterré près de saint Antoine, en terre sainte, pour y reposer éternellement.

MARTHE. — Vous n'avez donc rien à m'en apporter?

MÉPHISTOPHÉLÈS. — Si fait, mère pieuse grave et nécessaire ; c'est de faire dire pour lui trois cents messes : du reste, mes poches sont vides.

MARTHE. — Quoi! pas une médaille? pas un bijou? Ce que tout ouvrier misérable garde précieusement au fond de son sac, et réserve comme un souvenir, dût-il mourir de faim, dût-il mendier.

MÉPHISTOPHÉLÈS. — Madame, cela m'est on ne peut plus pénible ; mais il n'a vraiment pas gaspillé son argent ; aussi s'est-il bien repenti de ses fautes, oui, et a déploré bien plus encore son infortune.

MARGUERITE. — Ah! faut-il que les hommes soient si malheureux! Certes, je veux lui faire dire quelques Requiem.

MÉPHISTOPHÉLÈS. — Vous seriez digne d'entrer vite dans le mariage, vous êtes une aimable enfant.

MARGUERITE. — Oh non! cela ne me convient pas encore!

MÉPHISTOPHÉLÈS. — Sinon un mari, un galant en attendant ; ce serait le plus grand bienfait du ciel que de tenir dans ses bras un objet si aimable.

MARGUERITE. — Ce n'est point l'usage du pays.

MÉPHISTOPHÉLÈS. — Usage ou non, cela se fait de même.

MARTHE. — Poursuivez donc votre récit.

MÉPHISTOPHÉLÈS. — Je m'assis près de son lit de mort : c'était un peu mieux que du fumier, de la paille à demi pourrie ; mais il mourut comme un chrétien, et trouva qu'il en avait encore par-dessus son mérite. « Comme je dois, s'écria-t-il, me détester cordialement d'avoir pu délaisser ainsi mon état, ma femme! Ah! ce souvenir me tue. Pourra-t-elle jamais me pardonner en cette vie?...»

MARTHE, pleurant. — L'excellent mari! je lui ai depuis longtemps pardonné!

MÉPHISTOPHÉLÈS. — « Mais, Dieu le sait, elle en fut plus coupable que moi! »

MARTHE. — Il ment en cela! Quoi! mentir au bord de la tombe!

MÉPHISTOPHÉLÈS. — Il en contait sûrement à son agonie, si je puis m'y connaître. « Je n'avais, dit-il, pas le temps de bâiller ; il fallait lui faire d'abord des enfants, et ensuite lui gagner du pain,... Quand je dis du pain, c'est dans le sens le plus exact, et je n'en pouvais manger ma part en paix. »

MARTHE. — A-t-il donc oublié tant de foi, tant d'amour ?... toute ma peine le jour et la nuit ?...

MÉPHISTOPHÉLÈS. — Non pas, il y a sincèrement pensé. Et il a dit : « Quand je partis de Malte, je priai avec ardeur pour ma femme et mes enfants ; aussi le ciel me fut-il propice, car notre vaisseau prit un bâtiment de transport turc, qui portait un trésor du grand sultan ; il devint la récompense de notre courage, et j'en reçus, comme de juste, ma part bien mesurée. »

MARTHE. — Eh comment ? où donc ? il l'a peut-être enterré.

MÉPHISTOPHÉLÈS. — Qui sait où maintenant les quatre vents l'ont emporté ? Une jolie demoiselle s'attacha à lui, lorsqu'en étranger il se promenait autour de Naples ; elle se conduisit envers lui avec

Marthe et Méphistophélès.

beaucoup d'amour et de fidélité, tant qu'il s'en ressentit jusqu'à sa bienheureuse fin.

MARTHE. — Le vaurien ! le voleur à ses enfants ! Faut-il que ni misère ni besoin n'aient pu empêcher une vie aussi scandaleuse !

MÉPHISTOPHÉLÈS. — Oui, voyez ! il en est mort aussi. Si j'étais à présent à votre place, je pleurerais sur lui pendant l'année d'usage, et cependant je rendrais visite à quelque nouveau trésor.

MARTHE. — Ah Dieu ! comme était mon premier, je n'en trouverais pas facilement un autre dans le monde. A peine pourrait-il exister un fou plus charmant. Il aimait seulement un peu trop les voyages, les femmes étrangères, le vin étranger, et tous ces maudits jeux de dés.

MÉPHISTOPHÉLÈS. — Bien, bien, cela pouvait encore se supporter, si par hasard, de son côté, il vous en passait autant ; je vous assure que, moyennant cette clause, je ferais volontiers avec vous l'échange de l'anneau.

MARTHE. — Oh ! monsieur aime à badiner.

MÉPHISTOPHÉLÈS, à part. — Sortons vite, elle prendrait bien au mot le diable lui-même. (A Marguerite.) Comment va le cœur ?

MARGUERITE. — Que veut dire par là monsieur ?

MÉPHISTOPHÉLÈS, à part. — La bonne, l'innocente enfant. (Haut.) Bonjour mesdames.

MARGUERITE. — Bonjour.

MARTHE. — Oh ! dites-moi donc vite : je voudrais bien avoir un indice certain sur le lieu où mon trésor est mort et enterré. Je fus toujours amie de l'ordre, et je voudrais voir sa mort dans les affiches.

MÉPHISTOPHÉLÈS. — Oui, bonne dame, la vérité se connaît dans tous pays par deux témoignages de bouche ; j'ai ici un fin compagnon que je veux faire paraître pour vous devant le juge. Je vais l'amener.

MARTHE. — Oh ! oui, veuillez le faire.

MÉPHISTOPHÉLÈS. — Et que la jeune fille soit aussi là. — C'est un brave garçon ; il a beaucoup voyagé et témoigne pour les demoiselles toute l'honnêteté possible.

MARGUERITE. — Je vais être honteuse devant ce monsieur.

MÉPHISTOPHÉLÈS. — Devant aucun roi de la terre !

MARTHE. — Là, derrière la maison, dans mon jardin, nous attendrons tantôt ces messieurs.

Une rue.

FAUST, MÉPHISTOPHÉLÈS.

FAUST. — Qu'est-ce qu'il y a ? cela s'avance-t-il ? cela finira-t-il bientôt ?

MÉPHISTOPHÉLÈS. — Ah ! très bien ! je vous trouve tout animé. Dans peu de temps, Marguerite est à vous. Ce soir, vous la verrez chez Marthe, sa voisine : c'est une femme qu'on croirait choisie exprès pour le rôle d'entremetteuse et de bohémienne.

FAUST. — Fort bien.

MÉPHISTOPHÉLÈS. — Cependant on exigera quelque chose de nous.

FAUST. — Un service en mérite un autre.

MÉPHISTOPHÉLÈS. — Il faut que nous donnions un témoignage valable, à savoir que les membres de son mari reposent juridiquement à Padoue, en terre sainte.

FAUST. — C'est prudent ! il nous faudra donc maintenant faire le voyage ?

MÉPHISTOPHÉLÈS. — Sancta simplicitas ! Ce n'est pas cela qu'il faut faire : témoignez sans en savoir davantage.

FAUST. — S'il n'y a rien de mieux, le plan manque.

MÉPHISTOPHÉLÈS. — O saint homme ! le serez-vous encore longtemps ? Est-ce la première fois de votre vie que vous auriez porté faux témoignage ? N'avez-vous pas de Dieu, du monde, et de ce qui s'y passe, des hommes et de ce qui règle leur tête et leur cœur, donné des définitions avec grande assurance, effrontément et d'un cœur ferme ? et, si vous voulez bien descendre en vous-même, vous devrez bien avouer que vous en saviez autant que sur la mort de M. Swerdlein.

FAUST. — Tu es et tu resteras un menteur et un sophiste.

MÉPHISTOPHÉLÈS. — Oui, si l'on n'en savait un peu plus. Car demain n'irez-vous pas, en tout bien tout honneur, séduire cette pauvre Marguerite et lui jurer l'amour le plus sincère ?

FAUST. — Et du fond de mon cœur.

MÉPHISTOPHÉLÈS. — Très bien ! Ensuite ce seront des serments d'amour et de fidélité éternelle, d'un penchant unique et tout-puissant. Tout cela partira-t-il aussi du cœur ?

FAUST. — Laissons cela, oui c'est ainsi. Lorsque pour mes sentiments, pour mon ardeur, je cherche des noms, et n'en trouve point, qu'alors je me jette à travers le monde de toute mon âme, que je saisis les plus énergiques expressions, et que ce feu dont je brûle, je l'appelle sans cesse infini, éternel, est-cela un mensonge diabolique ?

MÉPHISTOPHÉLÈS. — Cependant j'ai raison.

FAUST. — Écoute, et fais bien attention à ceci. — Je te prie d'épargner mes poumons. — Qui veut avoir raison et possède seulement une langue, l'a certainement. Et viens ; je suis rassasié de bavardage, car si tu as raison, c'est que je préfère me taire.

Un jardin.

MARGUERITE, au bras de FAUST ; MARTHE, MÉPHISTOPHÉLÈS, se promenant de long en large.

MARGUERITE. — Je sens bien que monsieur me ménage, il s'abaisse pour ne pas me faire honte. Les voyageurs ont ainsi la coutume de prendre tout en bonne part, et de bon cœur ; je sais fort bien qu'un homme aussi savant ne peut s'entretenir avec mon pauvre langage.

FAUST. — Un regard de toi, une seule parole m'en dit plus que toute la sagesse de ce monde. (Il lui baise la main.)

MARGUERITE. — Que faites-vous ?... Comment pouvez-vous baiser ma main ? elle est si sale, si rude ! Que n'ai-je point à faire chez nous ? Ma mère est si ménagère... (Ils passent.)

MARTHE. — Et vous, monsieur, vous voyagez donc toujours ainsi ?

MÉPHISTOPHÉLÈS. — Ah ! l'état et le devoir nous y forcent ! avec quel chagrin on quitte certains lieux ! Et on n'oserait pourtant pas prendre sur soi d'y rester.

MARTHE. — Dans la force de l'âge, cela fait du bien, de courir çà et là librement par le monde. Cependant la mauvaise saison vient ensuite, et se traîner seul au tombeau en célibataire, c'est ce que personne n'a fait encore avec plaisir.

MÉPHISTOPHÉLÈS. — Je vois avec effroi venir cela de loin.

MARTHE. — C'est pourquoi, digne monsieur, il faut vous consulter à temps. (Ils passent.)

MARGUERITE. — Oui, tout cela sort bientôt des yeux et de l'esprit ; la politesse vous est facile, mais vous avez beaucoup d'amis plus spirituels que moi.

FAUST. — O ma chère! ce que l'on décore tant du nom d'esprit n'est souvent plutôt que sottise et vanité.

MARGUERITE. — Comment?

FAUST. — Ah ! faut-il que la simplicité, que l'ignorance, ne sachent jamais se connaître elles-mêmes et apprécier leur sainte dignité ! Que l'humilité, l'obscurité, les dons les plus précieux de la bienfaisante nature...

MARGUERITE. — Pensez un seul moment à moi, et j'aurai ensuite trop le temps de penser à vous.

FAUST. — Vous êtes donc toujours seule ?

MARGUERITE. — Oui, notre ménage est trop petit, et cependant il faut qu'on y veille. Nous n'avons point de servante, il faut faire à manger, balayer, tricoter et coudre, courir soir et matin ; ma mère est si exacte dans les plus petites choses !... Non qu'elle soit contrainte à se gêner beaucoup, nous pourrions nous faire valoir encore comme bien d'autres. Mon père nous a laissé un joli avoir, une petite maison et un jardin à l'entrée de la ville. Cependant, je mène en ce moment des jours assez paisibles; mon frère est soldat, ma petite sœur est morte ; cette enfant me donnait bien du mal ; cependant j'en prenais volontiers la peine ; elle m'était si chère !

FAUST. — Un ange, si elle te ressemblait !

MARGUERITE. — Je l'élevais, et elle m'aimait sincèrement. Elle naquit après la mort de mon père, nous pensâmes alors perdre ma mère, tant elle était languissante ! Elle fut longtemps à se remettre, et seulement peu à peu, de telle sorte qu'elle ne put songer à nourrir elle-même la petite créature, et que je fus seule à l'élever en lui faisant boire du lait et de l'eau; elle était comme ma fille. Dans mes bras, sur mon sein, elle prit bientôt de l'amitié pour moi, se fit gentille et grandit.

FAUST. — Tu dus sentir alors un bonheur bien pur.

MARGUERITE. — Mais certes aussi bien des heures de trouble. Le berceau de la petite était la nuit près de mon lit, elle se remuait à peine que je m'éveillais; tantôt il fallait la faire boire, tantôt la placer près de moi; tantôt, quand elle ne se taisait pas, la mettre au lit, et aller çà et là dans la chambre en la faisant danser. Et puis, de grand matin, il fallait aller au lavoir, ensuite aller du marché et revenir au foyer, et toujours ainsi, un jour comme l'autre. Avec une telle existence, monsieur, on n'est pas toujours gaie, mais on en goûte mieux l'aisance et le repos. (Ils passent.)

MARTHE. — Les pauvres femmes s'en trouvent mal pourtant; il est difficile de corriger un célibataire.

T VII.

MÉPHISTOPHÉLÈS. — Qu'il se présente une femme comme vous, et c'est du qui me rendre meilleur que je ne suis.

MARTHE. — Parlez vrai, monsieur, n'auriez-vous encore rien trouvé? Le cœur ne s'est-il pas attaché quelque part?

MÉPHISTOPHÉLÈS. — Le proverbe dit : *Une maison qui est à vous, et une brave femme, sont rares comme l'or et les perles.*

MARTHE. — Je demande si vous n'avez jamais obtenu des faveurs de personne?

MÉPHISTOPHÉLÈS. — On m'a partout reçu très honnêtement.

MARTHE. — Je voulais dire : Votre cœur n'a-t-il jamais eu d'engagement sérieux ?

MÉPHISTOPHÉLÈS. — Avec les femmes il ne faut jamais s'exposer à badiner.

MARTHE. — Ah ! vous ne me comprenez pas.

MÉPHISTOPHÉLÈS. — J'en suis vraiment fâché ; pourtant je comprends que... vous avez bien des bontés.

FAUST. — Tu me reconnus donc, mon petit ange, dès que j'arrivai dans le jardin ?

MARGUERITE. — Ne vous en êtes-vous pas aperçue? je baissai soudain les yeux.

FAUST. — Et tu me pardonnes la liberté que je pris ? ce que j'eus la témérité d'entreprendre lorsque tu sortis de l'église...

MARGUERITE. — Je fus consternée, jamais cela ne m'était arrivé, personne n'a pu jamais dire du mal de moi. Ah ! pensais-je, aurait-il trouvé dans ma marche quelque chose de hardi, d'inconvenant ? Il a paru s'attaquer à moi comme s'il eût en affaire à une fille de mauvaises mœurs. Je l'avouerai pourtant : je ne sais quoi commençait déjà à m'émouvoir à votre avantage; mais certainement je me voulus bien du mal de n'avoir pu vous traiter plus mal encore.

FAUST. — Chère amie !

MARGUERITE. — Laissez moi... (Elle cueille une marguerite et en arrache les pétales l'un après l'autre.)

FAUST. — Qu'en veux-tu faire? un bouquet ?

MARGUERITE. — Non, ce n'est qu'un jeu.

FAUST. — Comment ?

MARGUERITE. — Allons, vous vous moquerez de moi. (Elle effeuille et murmure tout bas.)

FAUST. — Que murmures-tu?

MARGUERITE, à demi-voix. — Il m'aime. — Il ne m'aime pas.

FAUST. — Douce figure du ciel !

MARGUERITE continue. — Il m'aime. — Non. — Il m'aime. — Non. — (Arrachant le dernier pétale, avec une joie douce.) Il m'aime!

FAUST. — Oui, mon enfant ; que la prédiction de cette fleur soit pour toi l'oracle des dieux ! Il t'aime ! comprends-tu ce que cela signifie? Il t'aime ! (Il prend ses deux mains.)

MARGUERITE. — Je frissonne !

FAUST. — Oh ! ne frémis pas ! que ce regard, que ce serrement de main, te disent ce qui ne peut s'exprimer : s'abandonner l'un à l'autre, pour goûter un ravissement qui peut être éternel. Éternel !... sa fin serait le désespoir !... Non ! point de fin ! point de fin ! (Marguerite lui serre la main, se dégage et s'enfuit, Il demeure un instant dans ses pensées, puis la suit.)

MARTHE, approchant. — La nuit vient.

Il m'aime... il ne m'aime pas...

MÉPHISTOPHÉLÈS. — Oui, et il nous faut partir.

MARTHE. — Je vous prierais bien de rester plus longtemps, mais on est si méchant dans notre endroit ! C'est comme si personne n'avait rien à faire que de surveiller les allées et venues de ses voisins ; et, de telle façon qu'on se conduise, on devient l'objet de tous les bavardages. Et notre jeune couple ?

MÉPHISTOPHÉLÈS. — S'est envolé là par l'allée. Inconstants papillons !

MARTHE. — Il paraît l'affectionner.

MÉPHISTOPHÉLÈS. — Et elle aussi. C'est comme va le monde.

Une petite cabane du jardin.

(Marguerite y entre, se blottit derrière la porte, tient le bout de ses doigts sur ses lèvres et regarde par la fente.)

MARGUERITE. — Il vient !

FAUST entre. — Ah ! friponne, tu veux m'agacer ! je te tiens ! *(Il l'embrasse.)*

MARGUERITE, le saisissant, et lui rendant le baiser. — O le meilleur des hommes ! je t'aime de tout mon cœur. *(Méphistophélès frappe.)*

FAUST, frappant du pied. — Qui est là ?

MÉPHISTOPHÉLÈS. — Un ami.

FAUST. — Une bête !

MÉPHISTOPHÉLÈS. — Il est bien temps de se quitter !

MARTHE entre. — Oui, il est tard, monsieur.

FAUST. — Oserai-je vous reconduire ?

MARGUERITE. — Ma mère pourrait..... Adieu !

FAUST. — Faut-il donc que je parte ? Adieu !

MARTHE. — Bon-soir.

MARGUERITE. — A bientôt ! *(Faust et Méphistophélès sortent.)*

MARGUERITE. — Mon bon Dieu ! un homme comme celui-ci pense à tout et sait tout. J'ai honte devant lui, et je dis oui à toutes ses paroles. Je ne suis qu'une pauvre enfant ignorante, et je ne comprends pas ce qu'il peut trouver en moi... *(Elle sort.)*

Forêt et cavernes

FAUST, seul. — Sublime Esprit, tu m'as donné... tu m'as donné tout, dès que je t'en ai supplié. Tu n'as pas en vain tourné vers moi ton visage de feu. Tu m'as livré pour royaume la majestueuse nature et la force de la sentir, d'en jouir ; non, tu ne m'aurais pas permis de n'avoir qu'une admiration froide et interdite, en m'accordant de regarder dans son sein profond, comme dans le sein d'un ami. Tu as amené devant moi la longue chaîne des vivants, et tu m'as instruit à reconnaître mes frères dans le buisson tranquille, dans l'air et dans les eaux. Et quand, dans la forêt, la tempête mugit et crie, en précipitant à terre les pins gigantesques dont les tiges voisines se froissent avec bruit, et dont la chute résonne comme un tonnerre de montagne en montagne ; tu me conduis alors dans l'asile des cavernes, tu me révèles à moi-même, et je sens se découvrir les merveilles secrètes cachées dans mon propre sein. Puis à mes yeux la lune pure s'élève doucement vers le ciel, et le long des rochers je vois errer, sur les buissons humides, les ombres pâles du temps passé, qui viennent adoucir l'austère volupté de la méditation.

Oh ! l'homme ne possédera jamais rien de parfait, je le sens maintenant ; tu m'as donné avec ces délices, qui me rapprochent de plus en plus des dieux, un compagnon dont je ne puis déjà plus me priver désormais, tandis que, froid et fier, il me rabaisse à mes propres yeux, et , d'une seule parole, replonge dans le néant tous les présents que tu m'as faits ; il a allumé dans mon sein un feu sauvage qui m'attire vers toutes les images de la beauté. Ainsi, je passe avec transport du désir à la jouissance, et, dans la jouissance, je regrette le désir.

MÉPHISTOPHÉLÈS entre.

MÉPHISTOPHÉLÈS. — Aurez-vous bientôt assez mené une telle vie ? Comment pouvez-vous vous complaire dans cette langueur ? Il est fort bon d'en essayer une fois, mais pour passer vite à du neuf.

FAUST. — Je voudrais que tu eusses à faire quelque chose de mieux que de me troubler dans mes bons jours.

MÉPHISTOPHÉLÈS. — Bon ! bon ! je vous laisserais volontiers en repos ; mais vous ne pouvez me dire cela sérieusement. Pour un compagnon si déplaisant, si rude et si fou, il y a vraiment peu à perdre. Tout le jour, on a les mains pleines, et sur ce qui plaît à monsieur, et sur ce qu'il y a à faire pour lui, on ne peut vraiment lui tirer rien du nez.

FAUST. — Voilà tout juste son ton ordinaire, il veut encore un remerciement de ce qu'il m'ennuie.

MÉPHISTOPHÉLÈS. — Comment donc aurais-tu, pauvre fils de la terre, passé ta vie sans moi ? Je t'ai cependant guéri pour longtemps des écarts de l'imagination ; et sans moi, tu serais déjà bien loin de ce monde. Qu'as-tu là à te nicher comme un hibou dans les cavernes et les fentes des rochers ? Quelle nourriture humes-tu dans la mousse pourrie et les pierres mouillées ? Plaisir de crapaud ! passe-temps aussi beau qu'agréable ! Le docteur te tient toujours au corps.

FAUST. — Comprends-tu de quelle nouvelle force cette course dans le désert peut ranimer ma vie ? Oui, si tu pouvais le sentir, tu serais assez diable pour ne pas m'accorder un tel bonheur.

MÉPHISTOPHÉLÈS. — Un plaisir surnaturel ! S'étendre la nuit sur les montagnes humides de rosée, embrasser avec extase la terre et le ciel, s'enfler d'une sorte de divinité, pénétrer avec transport par la pensée jusqu'à la moelle de la terre, repasser en son sein tous les six jours de la création, bientôt s'épandre avec délices dans le grand tout, dépouiller entièrement tout ce qu'on a d'humain, et finir cette haute contemplation.... *(avec un geste)*. Je n'ose dire comment....

FAUST. — Fi de toi !

MÉPHISTOPHÉLÈS. — Cela ne peut vous plaire, vous avez raison de dire l'honnête fi. On n'ose nommer devant de chastes oreilles ce dont les cœurs chastes ne peuvent se passer ; et bref, je vous souhaite bien du plaisir à vous mentir à vous-même de temps à autre. Il ne faut cependant pas que cela dure trop longtemps, tu serais bientôt désespéré encore, et, si cela persistait, replongé dans la folie, l'angoisse et le chagrin. Mais c'est assez la bien-aimée est là-bas, et pour elle tout n'est que peine et que trouble ; tu ne lui sors pas de l'esprit, sa passion dépasse déjà sa force. Naguère la rage d'amour se débordait comme un ruisseau qui s'enfle de neiges fondues ; tu la lui as versée dans le cœur, et maintenant ton ruisseau est à sec. Il me semble qu'au lieu de régner dans les forêts, il serait bon que le grand homme récompensât la pauvre jeune fille trompée de son amour. Le temps lui paraît d'une malheureuse longueur ; elle se tient toujours à la fenêtre, et regarde les nuages passer sur la vieille muraille de la ville, *Si j'étais petit oiseau !* voilà ce qu'elle chante tout le jour et la moitié de la nuit. Une fois, elle est gaie, plus souvent triste ; une autre fois, elle pleure beaucoup, puis semble devenir plus tranquille, et toujours aime.

FAUST. — Serpent ! serpent !

MÉPHISTOPHÉLÈS, à part. — N'est-ce pas... que je t'enlace !

FAUST. — Infâme ! lève-toi de là , et ne nomme plus cette charmante fille ! N'offre plus le désir de sa possession à mon esprit à demi vaincu.

MÉPHISTOPHÉLÈS. — Qu'importe ! elle te croit envolé, et tu l'es déjà à moitié.

FAUST. — Je suis près d'elle ; mais, en fussé-je bien loin encore, jamais je ne l'oublierais, jamais je ne la perdrais ; oui, j'envie le corps du Seigneur, pendant que ses lèvres le touchent.

MÉPHISTOPHÉLÈS. — Fort bien, mon ami ; je vous ai souvent envié, moi, ces deux jumeaux qui paissent entre les roses.

FAUST. — Fuis, entremetteur !

MÉPHISTOPHÉLÈS. — Bon ! vous m'invectivez, et j'en dois rire. Le Dieu qui créa le garçon et la fille reconnut dès lors cette profession comme la plus noble, et en fit lui-même l'office. Allons ! beau sujet de chagrin ! vous allez dans la chambre de votre bien-aimée, et non pas à la mort, peut-être ?

FAUST. — Qu'est-ce que les joies du ciel entre ses bras ? Qu'elle me laisse me réchauffer contre son sein !.... En sentirai-je moins sa misère ? Ne suis-je pas le fugitif.... l'exilé ? le monstre sans but et sans repos.., qui, comme un torrent, mugissant de rochers en rochers, aspire avec fureur à l'abîme ?... Mais elle, innocente, simple, une petite cabane, un petit champ des Alpes ; et elle aurait passé toute sa vie dans ce monde borné, au milieu d'occupations domestiques. Tandis que moi, haï de Dieu, je n'ai point fait assez de saisir ses appuis pour les mettre en ruines, il faut que j'anéantisse toute la paix de son âme ! Enfer ! il te la fallait pour victime ! Hâte-toi, démon, abrége-moi le temps de l'angoisse ! que ce qui doit arriver arrive à l'instant ! Fais écrouler sur moi sa destinée, et qu'elle tombe avec moi dans l'abîme.

MÉPHISTOPHÉLÈS. — Comme cela chauffe ! comme cela brûle !... Viens et console-toi, pauvre fou ! Où une faible tête ne voit pas d'issue, elle se figure voir la fin. Vive celui qui garde toujours son courage ! Tu es déjà assez raisonnablement endiablé ! et je ne trouve rien de plus ridicule au monde qu'un diable qui se désespère.

Chambre de Marguerite.

MARGUERITE, seule à son rouet.

Le repos m'a fui !... hélas ! la paix de mon cœur malade, je ne la trouve plus, et plus jamais !

Partout où je ne le vois pas, c'est la tombe! Le monde entier se voile de deuil!
Ma pauvre tête se brise, mon pauvre esprit s'anéantit!
Le repos m'a fui!... hélas! la paix de mon cœur malade, je ne la trouve plus, et plus jamais!
Je suis tout le jour à la fenêtre, ou devant la maison, pour l'apercevoir de plus loin, ou pour voler à sa rencontre!
Sa démarche fière, son port majestueux, le sourire de sa bouche, le pouvoir de ses yeux,
Et le charme de sa parole, et le serrement de sa main! et puis, ah! son baiser!
Le repos m'a fui!... hélas! la paix de mon cœur malade, je ne la trouve plus, et plus jamais!
Mon cœur se serre à son approche! ah! que ne puis-je le saisir et le retenir pour toujours!
Et l'embrasser à mon envie! et finir mes jours sous ses baisers!

Jardin de Marthe.

MARGUERITE, FAUST.

MARGUERITE. — Promets-moi, Henri!...
FAUST. — Tout ce que je puis.
MARGUERITE. — Dis-moi donc, quelle religion as-tu? Tu es un homme d'un cœur excellent, mais je crois que tu n'as guère de piété.
FAUST. — Laissons cela, mon enfant; tu sais si je t'aime; pour mon amour, je vendrais mon corps et mon sang; mais je ne veux enlever personne à sa foi et à son église.
MARGUERITE. — Ce n'est pas assez; il faut encore y croire.
FAUST. — Le faut-il?
MARGUERITE. — Oh! si je pouvais quelque chose sur toi!... Tu n'honores pas non plus les saints sacrements.
FAUST. — Je les honore.
MARGUERITE. — Sans les désirer cependant. Il y a longtemps que tu n'es allé à la messe, à confesse; crois-tu en Dieu?
FAUST. — Ma bien-aimée, qui oserait dire: *Je crois en Dieu*? Demande-le aux prêtres ou aux sages, et leur réponse semblera être une raillerie de la demande.
MARGUERITE. — Tu n'y crois donc pas?
FAUST. — Sache mieux me comprendre, aimable créature; qui oserait le nommer et oserait faire cet acte de foi : *Je crois en lui*? Qui oserait sentir et s'exposer à dire : *Je ne crois pas en lui*? Celui qui contient tout, qui soutient tout, ne soutient-il pas toi, moi, et lui-même? Le ciel ne se voûte-t-il pas là-haut! La terre ne s'étend-elle pas ici-bas, et les astres éternels ne s'élèvent-ils pas en nous regardant amicalement? Mon œil ne voit-il pas tes yeux? Tout n'entraîne-t-il pas vers toi et ma tête et mon cœur? Et ce qui m'y attire, n'est-ce pas un mystère éternel, visible ou invisible? Si grand qu'il soit, remplis-en ton âme; et si, par ce sentiment, tu es heureuse, nomme-le comme tu voudras, bonheur! cœur! amour! Dieu! — Moi, je n'ai pour cela aucun nom. Le sentiment est tout, le nom n'est que bruit et fumée qui nous voile l'éclat des cieux.
MARGUERITE. — Tout cela est bel et bon; ce que dit le prêtre y ressemble assez, à quelques autres mots près.
FAUST. — Tous les cœurs, sous le soleil, le répètent en tous lieux, chacun en son langage, pourquoi ne le dirais-je pas dans le mien?
MARGUERITE. — Si on l'entend ainsi, cela peut paraître raisonnable; mais il reste encore pourtant quelque chose de louche, car tu n'as pas de foi dans le christianisme.
FAUST. — Chère enfant!
MARGUERITE. — Et puis j'ai horreur depuis longtemps de te voir dans sa compagnie.
FAUST. — Comment?
MARGUERITE. — Celui que tu as avec toi... je le hais du plus profond de mon cœur. Rien dans ma vie ne m'a davantage blessé le cœur que le visage rebutant de cet homme.
FAUST. — Chère petite, ne crains rien.
MARGUERITE. — Sa présence me remue le sang. Je suis d'ailleurs bienveillante pour tous les hommes; mais de même que j'aime à te regarder, de même je sens de l'horreur à le voyant; à tel point que je te tiens pour un infâme. Dieu me pardonne, si je lui fais injure!
FAUST. — Il faut bien qu'il y ait aussi de ces drôles-là.
MARGUERITE. — Je ne voudrais pas vivre avec son pareil! Quand il va pour entrer, il regarde d'un air si railleur et moitié colère! On voit qu'il ne prend intérêt à rien; il porte écrit sur le front qu'il ne peut aimer nulle âme au monde. Il me semble que je suis si bien à ton bras, si libre, si à l'aise!... Eh bien! sa présence me met toute à la gêne.
FAUST. — Pressentiments de cet ange!
MARGUERITE. — Cela me domine si fort, que partout où il nous accompagne, il me semble aussitôt que je ne t'aime plus. Quand il est là aussi, jamais je ne puis prier, et cela me ronge le cœur; cela doit te faire la même effet, Henri!
FAUST. — Tu as donc des antipathies?
MARGUERITE. — Je dois me retirer.
FAUST. — Ah! ne pourrai-je jamais reposer une seule heure contre ton sein, presser mon cœur contre ton cœur, et mêler mon âme à ton âme?
MARGUERITE. — Si seulement je couchais seule, je laisserais volontiers ce soir les verrous ouverts; mais ma mère ne dort point profondément; et si elle nous surprenait, je tomberais morte à l'instant.
FAUST. — Mon ange, cela n'arrivera point. Voici un petit flacon; deux gouttes seulement versées dans sa boisson l'endormiront aisément d'un profond sommeil.
MARGUERITE. — Que ne fais-je pas pour toi! Il n'y a rien là qui puisse lui faire mal?
FAUST. — Sans cela, te le conseillerais-je, ma bien-aimée?
MARGUERITE. — Quand je te vois, mon cher ami, je ne sais quoi m'oblige à ne te rien refuser; et j'ai déjà tant fait pour toi, qu'il ne me reste presque plus rien à faire. (Elle sort.)
MÉPHISTOPHÉLÈS entre. — La brebis est-elle partie?
FAUST. — Tu es encore espionné?
MÉPHISTOPHÉLÈS. — J'ai appris tout en détail. Monsieur le docteur a été là catéchisé; j'espère que cela vous profitera. Les jeunes filles sont très intéressées à ce qu'on soit pieux et docile à la vieille coutume. S'il s'humilie devant elle, pensent-elles, il nous obéira aussi aisément.
FAUST. — Le monstre ne peut sentir combien cette âme fidèle et aimante, pleine de sa croyance, qui seule la rend heureuse, se tourmente pieusement de la crainte de voir se perdre l'homme qu'elle aime!
MÉPHISTOPHÉLÈS. — O sensible, très sensible galant! Une jeune fille te conduit par le nez.
FAUST. — Vil composé de boue et de feu.
MÉPHISTOPHÉLÈS. — Et elle comprend en maître les physionomies : elle est en ma présence, elle ne sait comment; mon masque, là, désigne un esprit caché; elle sent que je suis à coup sûr un génie, peut-être le diable lui-même. — Et cette nuit?...
FAUST. — Qu'est-ce que cela te fait?
MÉPHISTOPHÉLÈS. — C'est que j'y ai ma part de joie.

Au Lavoir.

MARGUERITE et LISETTE, portant des cruches.

LISETTE. — N'as-tu rien appris sur la petite Barbe?
MARGUERITE. — Pas un mot. Je vais peu dans le monde.
LISETTE. — Certainement (Sibylle me l'a dit aujourd'hui), elle s'est enfin aussi laissé séduire! Les voilà toutes avec leurs manières distinguées!
MARGUERITE. — Comment!
LISETTE. — C'est une horreur! Quand elle boit et mange, c'est pour deux!
MARGUERITE. — Ah!
LISETTE. — Voilà comme cela a fini; que de temps elle a été pendue à ce vaurien! C'était une promenade, une course au village ou à la danse; il fallait qu'elle fût la première dans tout; il l'amadouait sans cesse avec des gâteaux et du vin; elle s'en faisait accroire sur sa beauté, et avait assez peu d'honneur pour accepter ses présents sans rougir; d'abord une caresse, puis un baiser; si bien que sa fleur est loin.
MARGUERITE. — La pauvre créature!
LISETTE. — Plains-la encore! Quand nous étions seules à filer, et que le soir nos mères ne nous laissaient pas descendre, elle s'asseyait agréablement avec son amoureux sur le banc de la porte, et, dans l'allée sombre, il n'y avait pas pour eux d'heure assez longue. Elle peut bien maintenant aller s'humilier à l'église en office de pénitente.
MARGUERITE. — Il la prend sans doute pour sa femme.
LISETTE. — Il serait bien fou; un garçon dispos a bien assez d'air autre part. Il a pris sa volée...
MARGUERITE. — Ce n'est pas bien.
LISETTE. — La rattrapât-elle encore, cela ne ferait rien! Les garçons lui arracheront sa couronne, et nous répandrons devant sa porte de la paille hachée.
MARGUERITE, retournant à la maison. — Comment pouvais-je donc médire si hardiment quand une pauvre fille avait le malheur de faillir! Comment se faisait-il que, pour les péchés des autres, ma langue ne trouvait pas de termes assez forts! Si noir que cela me parût, je le noircissais encore. Cela ne l'était jamais assez pour moi, et je faisais le signe de la croix, et je le faisais tout aussi grand que possible; et je suis maintenant le péché même! Cependant... tout

m'y entraîna; mon Dieu! il était si bon! Hélas! il était si aimable!

Les remparts.

(Dans un creux du mur, l'image de la *Mater dolorosa* : des pots de fleurs devant.)

MARGUERITE apporte un pot de fleurs nouvelles. — Abaisse, ô mère de douleurs! un regard de pitié sur ma peine!

Le glaive dans le cœur, tu contemples avec mille angoisses la mort cruelle de ton fils!

Tes yeux se tournent vers son père; et tes soupirs lui demandent de vous secourir tous les deux!

Qui sentira, qui souffrira le mal qui déchire mon sein? l'inquiétude de mon pauvre cœur, ce qu'il craint, et ce qu'il espère? toi seule, hélas! peux le savoir!

En quelque endroit que j'aille, c'est une amère, hélas! bien amère douleur que je traîne avec moi!

Je suis à peine seule, que je pleure, je pleure, je pleure! et mon cœur se brise en mon sein!

Ces fleurs sont venues devant ma croisée! tous les jours je les arrosais de mes pleurs : ce matin je les ai cueillies pour te les apporter.

Le premier rayon du soleil dans ma chambre me trouve sur mon lit assise, livrée à toute ma douleur?

Secours-moi! sauve-moi de la honte et de la mort! abaisse, ô mère de douleurs! un regard de pitié sur ma peine!

La nuit.

UNE RUE DEVANT LA PORTE DE MARGUERITE.

VALENTIN, soldat, frère de Marguerite. — Lorsque j'étais assis à un de ces repas où chacun aime à se vanter, où mes compagnons levaient hautement devant moi le voile de leurs amours, en arrosant l'éloge de leurs belles d'un verre plein, et les coudes sur la table... moi, j'étais assis tranquillement, écoutant toutes leurs fanfaronnades, mais je frottais ma barbe en souriant, et je prenais en main mon verre plein : « Chacun son goût, disais-je; mais en est-il une dans le pays qui égale ma chère Marguerite, qui soit digne de servir à boire à ma sœur? » Tope! tope! cling! clang! résonnaient à l'entour. Les uns criaient : *Il a raison, elle est l'ornement de toute la contrée!* Alors les vantards restaient muets. Et maintenant!... c'est à s'arracher les cheveux! à se jeter contre les murs! Le dernier coquin peut m'accabler de plaisanteries, de nazardes; il faudra que je sois devant lui comme un coupable; chaque parole dite au hasard me fera suer à grosses gouttes! et dussé-je les hacher tous ensemble, je ne pourrais point les appeler menteurs.

Qui vient là? qui se glisse le long de la muraille? Je ne me trompe pas, ce sont eux. Si c'est lui, je le punirai comme il mérite, il ne vivra pas longtemps sous les cieux.

FAUST, MÉPHISTOPHÉLÈS.

FAUST. — Par la fenêtre de la sacristie, on voit briller de l'intérieur la clarté de la lampe éternelle; elle vacille et pâlit, de plus en plus faible, et les ténèbres la pressent de tous côtés; c'est ainsi qu'il fait nuit dans mon cœur.

MÉPHISTOPHÉLÈS. — Et moi, je me sens éveillé comme ce petit chat qui se glisse le long de l'échelle et se frotte légèrement contre la muraille; il me paraît fort honnête d'ailleurs, mais tant soit peu enclin au vol et à la luxure. La superbe nuit du sabbat agit déjà sur tous mes membres; elle revient pour nous après-demain, et l'on sait là pourquoi l'on veille.

FAUST. — Brillera-t-il bientôt dans le ciel, ô trésor que j'ai vu briller ici-bas?

MÉPHISTOPHÉLÈS. — Tu peux bientôt acquérir la joie d'enlever la petite cassette, je l'ai lorgnée dernièrement, et il y a dedans de beaux écus neufs.

FAUST. — Eh quoi! pas un joyau, pas une bague pour parer ma bien-aimée?

MÉPHISTOPHÉLÈS. — J'ai bien vu par là quelque chose, comme une sorte de collier de perles.

FAUST. — Fort bien; je serais fâché d'aller vers elle sans présents.

MÉPHISTOPHÉLÈS. — Vous ne perdriez rien, ce me semble, à jouir encore d'un autre plaisir. Maintenant que le ciel brille tout plein d'étoiles, vous allez entendre un vrai chef-d'œuvre; je lui chante une chanson morale, pour la séduire tout-à-fait. (Il chante en s'accompagnant avec la guitare.)

Devant la maison
De celui qu'elle adore.

Petite Lison,
Que fais-tu, dès l'aurore?
Au signal de plaisir
Dans la chambre du drille
Tu peux bien entrer fille,
Mais non fille en sortir.

Il te tend les bras,
A lui tu cours bien vite;
Bonne nuit, hélas!
Bonne nuit, ma petite,
Près du moment fatal
Fais grande résistance,
S'il ne t'offre d'avance
Un anneau conjugal.

VALENTIN s'avance. — Qui leurres-tu là? Par le feu! maudit preneur de rats!... au diable d'abord l'instrument! et au diable ensuite le chanteur!

MÉPHISTOPHÉLÈS. — La guitare est en deux! elle ne vaut plus rien.

VALENTIN. — Maintenant c'est le coupe-gorge!

MÉPHISTOPHÉLÈS, à Faust. — Monsieur le docteur, ne faiblissez pas! Alerte! tenez-vous près de moi, que je vous conduise. Au vent votre flamberge! Poussez maintenant, je pare.

VALENTIN. — Pare donc!

MÉPHISTOPHÉLÈS. — Pourquoi pas?

VALENTIN. — Et celle-ci?

MÉPHISTOPHÉLÈS. — Certainement.

VALENTIN. — Je crois que le diable combat en personne! Qu'est cela? déjà ma main se paralyse.

MÉPHISTOPHÉLÈS, à Faust. — Pousse.

VALENTIN tombe. — O ciel!

MÉPHISTOPHÉLÈS. — Voilà mon lourdaud apprivoisé. Maintenant, au large! il faut nous éclipser lestement, car j'entends déjà qu'on crie *au meurtre!* Je m'arrange aisément avec la police; mais quant à la justice criminelle, je ne suis pas bien dans ses papiers.

MARTHE, à la fenêtre. — Au secours! au secours!

MARGUERITE, à sa fenêtre. — Ici, une lumière!

MARTHE, plus haut. — On se dispute, on appelle, on crie, et l'on se bat.

LE PEUPLE. — En voilà déjà un de mort.

MARTHE, entrant. — Les meurtriers se sont-ils donc enfuis?

MARGUERITE, entrant. — Qui est tombé là?

LE PEUPLE. — Le fils de ta mère.

MARGUERITE. — Dieu tout-puissant! quel malheur!

VALENTIN. — Je meurs! c'est bien dit, et plus tôt fait encore. Femmes, pourquoi restez-vous là à hurler et à crier? Venez ici, et écoutez-moi! (Tous l'entourent.) Vois-tu bien, ma petite Marguerite! tu es bien jeune, mais tu n'as pas encore l'habitude, et tu conduis mal tes affaires : je te le dis en confiance; tu es déjà une catin, sois-le donc convenablement.

MARGUERITE. — Mon frère! Dieu! que me dis-tu là?

VALENTIN. — Ne plaisante pas avec Dieu, notre Seigneur. Ce qui est fait est fait, ce qui doit en résulter en résultera. Tu as commencé par te livrer en cachette à un homme, il y en aura bientôt d'autres; et quand tu seras à une douzaine, tu seras à toute la ville. Lorsque la honte naquit, on l'apporta secrètement dans ce monde, et l'on emmaillotta sa tête et ses oreilles dans le voile épais de la nuit; on l'eût volontiers étouffée, mais elle crût, elle grandit, et puis se montra nue au grand jour, sans pourtant en être plus belle; cependant, plus son visage était affreux, plus elle cherchait la lumière.

Je vois vraiment déjà le temps où tous les braves gens de la ville s'écarteront de toi, prostituée, comme d'un cadavre infect. Le cœur te saignera, s'ils te regardent entre les deux yeux. Tu ne porteras plus de chaîne d'or, tu ne paraîtras plus à l'église ni à l'autel! tu ne te pavaneras plus à la danse en belle fraise brodée; c'est dans de sales infirmeries, parmi les mendiants et les estropiés, que tu iras t'éteindre... et, quand Dieu te pardonnerait, tu n'en serais pas moins maudite sur la terre!

MARTHE. — Recommandez votre âme à la grâce de Dieu! voulez-vous entasser sur vous des péchés nouveaux?

VALENTIN. — Si je pouvais tomber seulement sur ta carcasse, abominable entremetteuse, j'espérerais trouver de quoi racheter de reste de tous mes péchés!

MARGUERITE. — Mon frère! O peine d'enfer!

VALENTIN. — Je te le dis, laisse là tes larmes! Quand tu t'es séparée de l'honneur, tu m'as porté au cœur le coup le plus terrible. Maintenant le sommeil de la mort va me conduire à Dieu, comme un soldat et comme un brave. (Il meurt.)

L'Église.

MESSE, ORGUE ET CHANT.

MARGUERITE, parmi la foule; LE MAUVAIS ESPRIT, derrière elle.

LE MAUVAIS ESPRIT. — Comme tu étais tout autre, Marguerite, lorsque, pleine d'innocence, tu montais à cet autel, en murmurant des prières dans ce petit livre usé, le cœur occupé moitié des jeux de l'enfance, et moitié de l'amour de Dieu ! Marguerite, où est ta tête ? que de péchés dans ton cœur ! Pries-tu pour l'âme de ta mère, que tu fis descendre au tombeau par de longs, de bien longs chagrins ? A qui le sang répandu sur le seuil de ta porte ? — Et dans ton sein, ne s'agite-t-il pas, pour ton tourment et pour le sien, quelque chose dont l'arrivée sera d'un funeste présage ?

MARGUERITE. — Hélas ! hélas ! puissé-je échapper aux pensées qui s'élèvent contre moi !

CHŒUR.

Dies iræ, dies illa,
Solvet sæclum in favillà.

(L'orgue joue.)

LE MAUVAIS ESPRIT. — Le courroux céleste t'accable ! la trompette sonne, les tombeaux tremblent, et ton cœur, ranimé du trépas pour les flammes éternelles, tressaille encore !

MARGUERITE. — Si j'étais loin d'ici ! il me semble que cet orgue m'étouffe, ces chants déchirent profondément mon cœur.

CHŒUR.

Judex ergo cùm sedebit,
Quidquid latet apparebit,
Nil inultum remanebit.

MARGUERITE. — Dans quelle angoisse je suis ! Ces piliers me pressent, cette voûte m'écrase. — De l'air !

LE MAUVAIS ESPRIT. — Cache-toi ! Le crime et la honte ne peuvent se cacher ! De l'air ! de la lumière !... Malheur à toi !

CHŒUR.

Quid sum miser tunc dicturus,
Quem patronum rogaturus,
Cùm vix justus sit securus.

LE MAUVAIS ESPRIT. — Les élus détournent leur visage de toi : les justes craindraient de te tendre la main. Malheur !

CHŒUR.

Quid sum miser tunc dicturus ?

MARGUERITE. — Voisine, votre flacon ! (Elle tombe en défaillance.)

Nuit du sabbat.

MONTAGNE DE HARZ.

(Vallée de Schirk, et désert.)

MÉPHISTOPHÉLÈS. — N'aurais-tu pas besoin d'un manche à balai ? Quant à moi, je voudrais bien avoir le bouc le plus solide... dans ce chemin, nous sommes encore loin du but.

FAUST. — Tant que je me sentirai ferme sur mes jambes, ce bâton noueux me suffira. A quoi servirait-il de raccourcir le chemin ? car se glisser dans le labyrinthe des vallées, ensuite gravir ce rocher du haut duquel une source se précipite en bouillonnant, c'est le seul plaisir qui puisse assaisonner une pareille route. Le printemps agit déjà sur les bouleaux, et les pins même commencent à sentir son influence ; ne doit-il pas agir aussi sur nos membres ?

MÉPHISTOPHÉLÈS. — Je n'en sens vraiment rien, j'ai l'hiver dans le corps ; je désirerais sur mon chemin de la neige et de la gelée. Comme le disque épais de la lune rouge élève tristement son éclat tardif ! il éclaire si mal, qu'on donne à chaque pas contre un arbre ou contre un rocher. Permets que j'appelle un feu follet : j'en vois un là-bas qui brûle assez drôlement. Holà ! l'ami ! oserais-je t'appeler vers nous ? Pourquoi flamber ainsi inutilement ? Aie donc la complaisance de nous éclairer jusque là-haut.

LE FOLLET. — J'espère pouvoir, par honnêteté, parvenir à contraindre mon naturel léger, car notre course va habituellement en zigzag.

MÉPHISTOPHÉLÈS. — Hé ! hé ! il veut, le pense, singer les hommes. Qu'il marche donc droit au nom du diable, ou bien je souffle son étincelle de vie.

LE FOLLET. — Je m'aperçois bien que vous êtes le maître d'ici, et je m'accommoderai à vous volontiers. Mais songez donc ! la montagne est bien enchantée aujourd'hui, et si un feu follet doit vous montrer le chemin, vous ne pourrez le suivre bien exactement.

FAUST, MÉPHISTOPHÉLÈS, LE FOLLET.

CHŒUR ALTERNATIF.

Sur le pays des chimères
Notre vol s'est arrêté :
Conduis-nous en sûreté
Pour traverser ces bruyères,
Ces rocs, ce champ dévasté.

Vois ces arbres qui se pressent
Se froisser rapidement ;
Vois ces rochers qui s'abaissent
Trembler dans leur fondement.
Partout le vent souffle et crie !

Dans ces rocs, avec furie,
Se mêlent fleuve et ruisseau ;
J'entends là le bruit de l'eau,
Si cher à la rêverie ?
Les soupirs, les vœux flottants,
Ce qu'on plaint, ce qu'on adore...
Et l'écho résonne encore
Comme la voix des vieux temps.

Ou hou ! chou hou ! retentissent ;
Hérons et hiboux gémissent,
Mêlant leur triste chanson ;
On voit de chaque buisson
Surgir d'étranges racines ;
Maigres bras, longues échines,
Ventres roulants et rampants,
Parmi les rocs, les ruines
Fourmillent vers et serpents.

A des nœuds qui s'entrelacent
Chaque pas vient s'accrocher !
Là des souris vont et passent
Dans la mousse du rocher.
Là des mouches fugitives
Nous précèdent par milliers,
Et d'étincelles plus vives
Illuminent les sentiers.

Mais faut-il à cette place
Avancer ou demeurer ?
Autour de nous tout menace,
Tout s'émeut, luit et grimace,
Pour frapper, pour égarer ;
Arbres et rocs sont perfides ;
Ces feux, tremblants et rapides,
Brillent sans nous éclairer !...

MÉPHISTOPHÉLÈS. — Tiens-toi ferme à ma queue ! voici un sommet intermédiaire, d'où l'on voit avec admiration Mammon resplendir dans la montagne.

FAUST. — Que cet éclat d'un triste crépuscule brille singulièrement dans la vallée ! Il pénètre jusqu'au plus profond de l'abîme. Là monte une fumée, là un nuage déchiré ; là brille une flamme dans l'ombre du brouillard ; tantôt serpentant comme un sentier étroit, tantôt bouillonnant comme une source. Ici, elle ruisselle bien loin par cent jets différents, au travers de la plaine ; puis se réunit en un seul entre des rocs serrés. Près de nous jaillissent des étincelles qui répandent partout une poussière d'or. Mais regarde : dans toute sa hauteur, le mur de rochers s'enflamme.

MÉPHISTOPHÉLÈS. — Le seigneur Mammon n'illumine-t-il pas son palais comme il convient pour cette fête ? C'est un bonheur pour toi de voir cela ! Je devine déjà l'arrivée des bruyants convives.

FAUST. — Comme le vent s'émeut dans l'air ! De quels coups il frappe mes épaules !

MÉPHISTOPHÉLÈS. — Il faut t'accrocher aux vieux pics des rochers, ou bien il te précipiterait au fond de l'abîme. Un nuage obscurcit la nuit. Écoute comme les bois crient. Les hiboux fuient épouvantés. Entends-tu éclater les colonnes de ces palais de verdure ? Entends-tu les branches trembler et se briser ? Quel puissant mouvement dans les tiges ! Parmi les racines, quel murmure et quel ébranlement ! Dans leur chute épouvantable et confuse, ils craquent les uns sur les autres, et sur les cavernes éboulées sifflent et hurlent les tourbillons. Entends-tu ces voix dans les hauteurs, dans le lointain et près de nous ?... Eh ! oui, la montagne retentit dans toute sa longueur d'un furieux chant magique.

SORCIÈRES en chœur.

Gravissons le Brocken ensemble,
Le chaume est jaune, et le grain vert,
Et c'est là-haut, dans le désert,
Que toute la troupe s'assemble :
Là monseigneur Urian s'assoit,
Et, comme prince, il nous reçoit.

UNE VOIX.

La vieille Baubo vient derrière ;
Place au cochon ! place à la mère !

CHŒUR.

L'honneur et le pas aux anciens !
Passe, la vieille, et tous les tiens...
Le cochon porte la sorcière,
Et sa maison vient par derrière.

UNE VOIX. — Par quelle route prends-tu, toi ?
UNE AUTRE VOIX. — Par celle d'Ilsenstein, où j'aperçois une chouette dans son nid, qui me fait des yeux...
UNE VOIX. — Oh ! viens donc en enfer ; pourquoi cours-tu si vite ?
UNE AUTRE VOIX. — Elle m'a mordu ; vois quelle blessure !

SORCIÈRES. Chœur.

La route est longue, et les passants
Sont très nombreux et très bruyants ;
Maint balai se brise ou s'arrête ;
L'enfant se plaint, la mère pète.

SORCIERS. Demi-chœur.

Messieurs, nous montons mal vraiment,
Les femmes sont toujours devant ;
Quand le diable les met en danse,
Elles ont mille pas d'avance.

AUTRE DEMI-CHŒUR.

Voilà parler comme il convient
Pour aller au palais du maître,
Il leur faut mille pas peut-être,
Quand d'un seul bond l'homme y parvient.

VOIX d'en haut. — Avancez, avancez, sortez de cette mer de rochers.
VOIX d'en bas. — Nous gagnerions volontiers le haut. Nous barbottons toutes sans cesse, mais notre peine est éternellement inutile.

LES DEUX CHŒURS.

Le vent se calme, plus d'étoiles,
La lune se couvre de voiles,
Mais le chœur voltige avec bruit,
Et de mille feux il reluit

VOIX d'en bas. — Halte ! halte !
VOIX d'en haut. — Qui appelle dans ces fentes de rochers ?
VOIX d'en bas. — Prenez-moi avec vous ; prenez-moi ! Je monte depuis trois cents ans, et ne puis atteindre le sommet ; je voudrais len me trouver avec mes semblables.

LES DEUX CHŒURS.

Le balai, le bouc et la fourche
Sont là : que chacun les enfourche !
Aujourd'hui qui n'est pas monté
Est perdu pour l'éternité.

DEMI-SORCIÈRE, en bas.

De bien travailler je m'honore,
Et pourtant je reste en mon coin ;
Que les autres sont déjà loin,
Quand si bas je me traîne encore !

CHŒUR DE SORCIÈRES.

Une onge est un vaisseau fort bon ;
On y met pour voile un torchon,
Car si l'on se vogue à cette heure,
Sans voguer il faudra qu'on meure.

LES DEUX CHŒURS.

Au sommet nous touchons bientôt ;
Que chacun donc se jette à terre,
Et que de là l'armée entière
Partout se répande aussitôt.

(Il s'arrête.)

MÉPHISTOPHÉLÈS. — Cela se serre, cela pousse, cela santé, cela glapit, cela siffle et se remue, cela marche et babille, cela reluit, étincelle, pue et brûle ! C'est un véritable élément de sorcières... Allons, ferme, à moi ! ou nous serons bientôt séparés. Où es-tu ?
FAUST, dans l'éloignement. — Ici !
MÉPHISTOPHÉLÈS. — Quoi ! déjà emporté là-bas ? Il faut que j'use de mon droit de maître du logis. Place ! c'est M. Volant qui vient. Place, bon peuple, place ! Ici, docteur, saisis-moi ! Et maintenant, fendons la presse en un tas ; c'est trop extravagant, même pour mes pareils. Là-bas brille quelque chose d'un éclat tout-à-fait singulier. Cela m'attire du côté de ce buisson. Viens ! viens ! nous nous glisserons là.
FAUST. — Esprit de contradiction ! Allons, tu peux me conduire. Je pense que c'est bien sagement fait ; nous montons au Brocken dans la nuit du sabbat, et c'est pour nous isoler ici à plaisir.
MÉPHISTOPHÉLÈS. — Tiens, regarde quelles flammes bigarrées ! c'est un club joyeux assemblé. On n'est pas seul avec ces petits êtres.
FAUST. — Je voudrais pourtant être là-haut ! Déjà je vois la flamme et la fumée en tourbillons ; là, la multitude roule vers l'esprit du mal, là doit s'y dénouer maints énigme.
MÉPHISTOPHÉLÈS. — Mainte énigme s'y noue aussi. Laisse la grande foule bourdonner encore ; nous nous reposerons ici en silence. Il est reçu depuis longtemps que dans le grand monde on fait des petits mondes... Je vois là de jeunes sorcières toutes nues, et des vieilles qui se voilent prudemment. Soyez aimables, pour l'amour de moi : c'est une peine légère, et cela aide au badinage. J'entends quelques instruments ; maudit charivari ! il faut s'y habituer. Viens donc, viens donc, il n'en peut être autrement ; je marche devant et l'introduis. C'est encore un nouveau service que je te rends. Qu'en dis-tu, mon cher ? Ce n'est pas une petite place ; regarde seulement : tu en vois à peine la fin. Une centaine de feux brûlent dans le cercle ; on danse, on babille, on fait la cuisine, on boit et on aime ; dis-moi maintenant où il y a quelque chose de mieux.
FAUST. — Veux-tu, pour nous introduire ici, te présenter comme diable ?
MÉPHISTOPHÉLÈS. — Je suis, il est vrai, fort habitué à aller incognito ; un jour de gala cependant on fait voir ses cordons. Je ne cherche pas à me distinguer avec une jarretière, mais le pied du cheval est ici fort honoré. Vois-tu là cet escargot ? Il arrive en rampant, tout en tâtant avec ses cornes, il aura déjà reconnu quelque chose en moi. Si je voulais, aussi bien, je ne me déguiserai pas ici. Viens donc, nous allons de feux en feux : je suis le demandeur, et tu es le galant. (A quelques personnes assises autour de charbons à demi consumés.) Mes vieux messieurs, que faites-vous dans ce coin-ci ? Je vous approuverais, si je vous trouvais gentiment placés dans le milieu, au sein du tumulte et d'une jeunesse bruyante. On est toujours assez isolé chez soi.

GÉNÉRAL.

Aux nations bien fou qui se fiera !
Car c'est en vain qu'on travaille pour elles ;
Auprès du peuple, ainsi qu'auprès des belles,
Jeunesse toujours prévaudra.

MINISTRE.

L'avis des vieux me semble salutaire,
Du droit chemin tout s'éloigne à présent.
Au temps heureux où nous régnions, vraiment
C'était l'âge d'or de la terre.

PARVENU.

Nous n'étions pas sots non plus, Dieu merci,
Et nous menions assez bien notre affaire ;
Mais le métier va mal, en ce temps-ci
Que tout le monde veut le faire.

AUTEUR.

Qui peut juger maintenant des écrits
Assez épais, mais remplis de sagesse ?
Nul ici-bas. — Ah ! jamais la jeunesse
Ne fut plus sotte en ses avis.

MÉPHISTOPHÉLÈS, paraissant soudain très vieux.

Tout va périr ; et moi, je m'achemine
Vers le Bloksberg pour la dernière fois ;
Déjà mon tonne est troublé. Je le vois,
Le monde touche à sa ruine.

SORCIÈRE, revendeuse. — Messieurs, n'allez pas si vite ! Ne laissez point s'échapper l'occasion ! Regardez attentivement mes denrées ; il y en a là de bien des sortes. Et cependant, rien dans mon magasin qui ait son égal sur la terre, rien qui n'ait causé une fois un grand dommage aux hommes et au monde. Ici, pas un poignard d'où le sang n'ait coulé ; pas une coupe qui n'ait versé dans un corps entièrement sain un poison actif et dévorant; pas une parure qui n'ait séduit une femme vertueuse; pas une épée qui n'ait rompu une alliance, ou frappé quelque ennemi par derrière.

MÉPHISTOPHÉLÈS. — Ma mie, vous comprenez mal les temps; ce qui est fait est fait. Fournissez-vous de nouveautés, il n'y a plus que les nouveautés qui nous attirent.

FAUST. — Que je n'aille pas m'oublier moi-même... J'appellerais cela une foire.

MÉPHISTOPHÉLÈS. — Tout le tourbillon s'élance là-haut, tu crois pousser, et tu es poussé.

FAUST. — Qui est celle-là?
MÉPHISTOPHÉLÈS. — Considère-la bien, c'est Lilith.
FAUST. — Qui?
MÉPHISTOPHÉLÈS. — La première femme d'Adam. Tiens-toi en garde contre ses beaux cheveux, parure dont seule elle brille; quand elle peut atteindre un jeune homme, elle ne le laisse pas échapper de sitôt.

FAUST. — En voilà deux assises, une vieille et une jeune; elles ont déjà sauté comme il faut.

MÉPHISTOPHÉLÈS. — Aujourd'hui cela ne se donne aucun repos. On passe à une danse nouvelle; viens maintenant, nous les prendrons.

FAUST, dansant avec la jeune.

Hier, un aimable mensonge
Me fit voir un jeune arbre en songe,
Deux beaux fruits semblaient y briller,
J'y montai : c'était un pommier.

LA BELLE.

Les deux pommes de votre rêve
Sont celles de notre mère Eve ;
Mais vous voyez que le destin
Les mit aussi dans mon jardin.

MÉPHISTOPHÉLÈS, *avec la vieille.*

Hier, un dégoûtant mensonge
Me fit voir un vieil arbre en songe.
. . . .

LA VIEILLE.

Salut ! qu'il soit le bien venu,
Le chevalier du pied cornu !
. . . .

PROCTOPHANTASMIST (1). — Maudites gens ! Qu'est-ce qui se passe entre vous ? Ne vous a-t-on pas instruits dès longtemps ? Jamais un esprit ne se tient sur ses pieds ordinaires. Vous dansez maintenant comme nous autres hommes.

LA BELLE, *dansant.* — Qu'est-ce qu'il veut dans notre bal, celui-ci ?

FAUST, *dansant.* — Eh ! il est le même en tout. Il faut qu'il juge ce que les autres dansent. S'il ne trouvait point à dire son avis sur un pas, le pas serait comme non avenu. Ce qui le pique le plus, c'est de vous voir avancer. Si vous vouliez tourner en cercle, comme il fait dans son vieux moulin, à chaque tour, il trouverait tout bon, surtout si vous aviez bien soin de le saluer.

PROCTOPHANTASMIST. — Vous êtes donc toujours là ! Non, c'est inouï. Disparaissez donc ! Nous avons déjà tout éclairci ; la canaille des diables ne connaît aucun frein ; nous sommes bien prudents, et cependant le creuset est toujours aussi plein. Que de temps n'ai-je pas employé dans cette idée ! et rien ne s'épure. C'est pourtant inouï.

LA BELLE. — Alors, cesse donc de nous ennuyer ici.

PROCTOPHANTASMIST. — Je le dis à votre nez, Esprits ; je ne puis souffrir le despotisme d'esprit ; et mon esprit ne peut l'exercer. (*On danse toujours.*) Aujourd'hui, je le vois, rien ne peut me réussir. Cependant je fais toujours un voyage, et j'espère encore à mon dernier pas mettre en déroute les diables et les poètes.

MÉPHISTOPHÉLÈS. — Il va tout de suite se placer dans un mare ; c'est la manière dont il se soulage, et quand une sangsue s'est bien délectée après son derrière, il se trouve guéri des Esprits et de l'esprit. (*A Faust, qui a quitté la danse.*) Pourquoi as-tu donc laissé partir la jeune fille, qui chantait si agréablement à la danse ?

---

(1) Il serait trop long d'expliquer les mille allusions qui se cachent sous les noms et dans le langage abstrait de ces personnages. Goëthe a fait dans toute cette portion de son livre, et notamment dans l'*Intermède* suivant, la satire de quelques souvenains, ministres et poètes de son temps, en employant la manière d'Aristophane. C'est pour donner l'œuvre entière que nous traduisons mot à mot ces passages, dont l'ironie n'est pas toujours saisissable, même pour nous. Madame de Staël avait eu raison, sans doute, de proclamer Faust une œuvre *intraduisible*. Mais, comment cacher aux Français un poème dont elle a dit ailleurs : « Il faut réfléchir sur tout, et sur quelque chose de *plus que tout*. »

FAUST. — Hélas ! au milieu de ses chants, une souris rouge s'est échappée de sa bouche.

MÉPHISTOPHÉLÈS. — Eh bien ! c'était naturel ! Il ne faut pas faire attention à ci. Il suffit que la souris ne soit pas grise. Qui peut y attacher de l'importance à l'heure du berger !

FAUST. — Que vois-je là ?
MÉPHISTOPHÉLÈS. — Quoi ?
FAUST. — Méphisto, vois-tu une fille pâle et belle qui demeure seule dans l'éloignement ? Elle se retire languissamment de ce lieu, et semble marcher les fers aux pieds. Je crois m'apercevoir qu'elle ressemble à la bonne Marguerite.

MÉPHISTOPHÉLÈS. — Laisse cela ! personne ne s'en trouve bien. C'est une figure magique, sans vie, une idole. Il n'est pas bon de la rencontrer; son regard fixe engourdit le sang de l'homme et le change presque en pierre. As-tu déjà entendu parler de la Méduse ?

FAUST. — Ce sont vraiment les yeux d'un mort, qu'une main chérie n'a point fermés. C'est bien là le sein que Marguerite m'abandonna, c'est bien là le corps si doux que je possédai !

MÉPHISTOPHÉLÈS. — C'est de la magie, pauvre fou, car chacun croit y retrouver celle qu'il aime.

FAUST. — Quelles délices!... et quelles souffrances ! Je ne puis m'arracher à ce regard. Qu'il est singulier, cet unique ruban rouge qui semble parer ce beau cou... pas plus large que le dos d'un couteau !

MÉPHISTOPHÉLÈS. — Fort bien ! Je le vois aussi ; elle peut bien porter sa tête sous son bras; car Persée la lui a coupée. — Toujours cette chimère dans l'esprit ! Viens donc sur cette colline; elle est aussi gaie que le Prater. Eh ! je ne me trompe pas, c'est un théâtre que je vois. Qu'est-ce qu'on y donne donc ?

SERVIBILIS. — On va recommencer une nouvelle pièce ; la dernière des sept. C'est l'usage ici d'en donner autant. C'est un dilettante qui l'a écrite, et ce sont des dilettantes qui la jouent. Pardonnez-moi, messieurs, si je disparais, mais j'aime à lever le rideau.

MÉPHISTOPHÉLÈS. — Si je vous rencontre sur le Blocksberg, je le trouve tout simple ; car c'est bien à vous qu'il appartient d'y être.

WALPURGISNACTSTRAUM

(Songe d'une nuit de Sabbat)

OU NOCES D'OR D'OBÉRON ET DE TITANIA

Intermède.

DIRECTEUR DU THÉÂTRE.

Aujourd'hui nous nous reposons,
Fils de Mieding (1), de notre peine :
Vieille montagne et frais vallons
Formeront le lieu de la scène.

HÉRAUT.

Les noces d'or communément
Se font après cinquante années ;
Mais les brouilles (2) sont terminées,
Et l'or me plaît infiniment.

OBÉRON.

Messieurs, en cette circonstance,
Montrez votre esprit comme moi ;
Aujourd'hui la reine et le roi
Contractent nouvelle alliance.

PUCK.

Puck arrive assez gauchement
En tournant son pied en spirales ;
Puis cent autres par intervalles
Autour de lui dansent gaîment.

ARIEL.

Pour les airs divins qu'il module,
Ariel veut gonfler sa voix ;
Son chant est souvent ridicule,
Mais rencontre assez bien parfois.

OBÉRON.

Notre union vraiment est rare,

---

(1) Directeur du théâtre de Weimar.
(2) Allusion aux querelles d'Obéron et de Titania, dans le *Songe d'une nuit d'été*, de Shakspeare, allusion aussi à une réconciliation princière.

Qu'on prenne exemple sur nous doux !
Quand bien longtemps on les sépare,
Les époux s'aiment beaucoup mieux.

TITANIA.

Epoux sont unis, Dieu sait comme :
Voulez-vous les mettre d'accord ?
Au fond du midi menez l'homme,
Menez la femme au fond du nord.

ORCHESTRE. Tutti, fortissimo.

Nez de mouches et becs d'oiseaux,
Suivant mille métamorphoses,
Grenouilles, grillons et crapauds,
Ce sont bien là nos virtuoses.

SOLO.

De la cornemuse écoutez,
Messieurs, la musique divine ;
On entend bien, ou l'on devine,
Le schnickschnack qui vous sort du nez.

ESPRIT qui vient de se former.

A l'embryon qui vient de naître
Ailes et pattes on joindra ;
C'est moins qu'un insecte peut-être...
Mais c'est au moins un opéra.

UN PETIT COUPLE.

Dans les brouillards et la rosée
Tu t'élances... à petits pas ;
Ta démarche sage et posée
Nous plaît, mais ne s'élève pas.

UN VOYAGEUR CURIEUX.

Une mascarade, sans doute,
En ce jour abuse mes yeux ;
Trouverai-je bien sur ma route
Obéron, beau parmi les dieux ?

ORTHODOXE.

Ni griffes ni queue, ah ! c'est drôle !
Ils me sont cependant suspects :
Ces diables-là, sur ma parole,
Ressemblent fort aux dieux des Grecs.

ARTISTE DU NORD.

Ebauche, esquisses, ou folie,
Voilà mon travail jusqu'ici ;
Pourtant je me prépare aussi
Pour mon voyage d'Italie.

PURISTE.

Ah ! plaignez mon malheur, passants;
Mes espérances sont trompées :
Des sorcières qu'on voit céans,
Il n'en est que deux de poudrées

JEUNE SORCIÈRE.

Poudre et robes ; c'est ce qu'il faut
Aux vieilles qui craignent la vue,
Pour moi, sur mon bouc je suis nue,
Car mon corps n'a point de défaut.

MATRONNE.

Ah ! vous serez bientôt des nôtres,
Ma chère, je le parierais ;
Votre corps, si jeune et si frais,
Se pourrira, comme tant d'autres.

MAÎTRE DE CHAPELLE.

Nez de mouches et becs d'oiseaux,
Ne me cachez pas la nature ;
Grenouilles, grillons et crapauds,
Restez donc au moins en mesure.

GIROUETTE tournée d'un côté.

Bonne compagnie en ces lieux :
Hommes, femmes, sont tous, je pense,
Gens de la plus belle espérance ;
Que peut-on désirer de mieux ?

GIROUETTE tournée d'un autre côté.

Si la terre n'ouvre bientôt
Un abîme à cette canaille,
Dans l'enfer, où je veux qu'elle aille,
Je me précipite aussitôt.

XÉNIES (1).

Vrais insectes de circonstance,
De bons ciseaux l'on nous arma,
Pour faire honneur à la puissance
De Satan, notre grand-papa.

HENNINGS.

Ces coquins, que tout homme abhorre,
Naïvement chantent en chœur ;
Auront-ils bien le front encore
De nous parler de leur bon cœur ?

MUSAGÈTE.

Des sorcières la sombre masse
Pour mon esprit a mille appas ;
Je saurais mieux guider leurs pas
Que ceux des vierges du Parnasse.

CI-DEVANT GÉNIE DU TEMPS.

Les braves gens entrent partout :
Le Blocksberg est un vrai Parnasse ..
Prends ma perruque par un bout,
Tout le monde ici trouve place.

VOYAGEUR CURIEUX.

Dites-moi, cet homme si grand (2),
Après qui donc court-il si vite ?
Dans tous les coins il va flairant...
Il chasse sans doute au jésuite.

GRUE.

Quant à moi, je chasse aux poissons
En eau trouble comme en eau claire :
Mais les gens dévots, d'ordinaire,
Sont mêlés avec les démons.

MONDAIN.

Les dévots trouvent dans la foi
Toujours un puissant véhicule,
Et sur le Blocksberg, croyez-moi,
Se tient plus d'un conventicule

DANSEUR.

Déjà viennent des chœurs nouveaux
Quel bruit fait frémir la nature ?
Paix ! du héron dans les roseaux
C'est le monotone murmure.

DOGMATIQUE.

Moi, sans crainte je le soutiens,
La critique au doute s'oppose,
Car si le diable est quelque chose,
Comment donc ne serait-il rien ?

IDÉALISTE.

La fantaisie, hors de sa route,
Conduit l'esprit je ne sais où,
Aussi, si je suis tout, sans doute
Aujourd'hui je ne suis qu'un fou.

RÉALISTE.

Sondant les profondeurs de l'être,
Mon esprit s'est mis à l'envers ;
A présent, je puis reconnaître
Que je marche un peu de travers.

SUPERNATURALISTE.

Quelle fête ! quelle bombance !
Ah ! vraiment je m'en réjouis,
Puisque, d'après l'enfer, je pense
Pouvoir juger du paradis.

(1) Recueil d'épigrammes, publiées par Goethe et Schiller.
(2) Nicolaï.

SCEPTIQUE.

Follets, illusion aimable,
Séduisent beaucoup ces gens-ci ;
Le doute paraît plaire au diable,
Je vais donc me fixer ici.

MAÎTRE DE CHAPELLE.

En mesure, maudites bêtes !
Nez de mouches et becs d'oiseaux,
Grenouilles, grillons et crapauds,
Ah ! quels dilettantes vous êtes !

LES SOUPLES.

Qui peut avoir plus de vertus
Qu'un sans-souci ?..... rien ne l'arrête ;
Quand les pieds ne le portent plus,
Il marche très bien sur la tête.

LES EMBARRASSÉS.

Autrefois nous vivions gaîment,
Aux bons repas toujours fidèles ;
Mais ayant usé nos semelles,
Nous courons nu-pieds à présent.

FOLLETS.

Nous sommes enfants de la boue,
Cependant plaçons-nous devant ;
Car, puisqu'ici chacun nous loue,
Il faut prendre un maintien galant.

ÉTOILE tombée.

Tombée et gisante sur l'herbe,
Du sort je subis les décrets ;
A ma gloire, à mon rang superbe,
Qui peut me rendre désormais ?

LES MASSIFS.

Place ! place ! au poids formidable,
Qui sur le sol tombe d'aplomb !
Ce sont des esprits !... lourds en diable,
Car ils ont des membres de plomb.

PUCK.

Gros éléphants, ou pour bien dire,
Esprits, marchez moins lourdement !
Le plus massif, en ce moment,
C'est *Puck*, dont la face fait rire.

ARIEL.

Si la nature, ou si l'esprit,
Vous pourvut d'ailes azurées,
Suivez mon vol dans ces contrées,
Où la rose pour moi fleurit.

L'ORCHESTRE, *pianissimo*.

Les brouillards, appuis du mensonge,
S'éclaircissent sur ces coteaux ;
Le vent frémit dans les roseaux.....
Et tout a fui comme un vain songe.

—

Jour sombre.

UN CHAMP.

FAUST, MÉPHISTOPHÉLÈS.

FAUST. — Dans le malheur !... le désespoir ! Longtemps misérablement égarée sur la terre, et maintenant captive ! Jetée, comme une criminelle, dans un cachot, la douce et malheureuse créature se voit réservée à d'insupportables tourments ! jusque-là, jusque-là ! — Imposteur, infâme esprit !.. et tu me le cachais ! Reste maintenant, reste ! roule avec furie tes yeux de démon dans ta tête infâme ! — Reste ! et brave-moi par ton insoutenable présence ! Captive ! accablée d'un malheur irréparable ! abandonnée aux mauvais esprits et à l'inflexible justice des hommes !... Et tu m'entraînais pendant ce temps à de dégoûtantes fêtes, tu me caches une misère toujours croissante, et tu l'abandonnes sans secours au trépas qui va l'atteindre !

MÉPHISTOPHÉLÈS. — Elle n'est pas la première.

FAUST. — Chien ! exécrable monstre ! — Change-le, esprit infini ! qu'il reprenne sa première forme de chien, sous laquelle il se plaisait souvent à marcher la nuit devant moi, pour se rouler devant les pieds du voyageur tranquille, et se jeter sur ses épaules après l'avoir renversé ! Rends-lui la figure qu'il aime ; que, dans le sable, il rampe devant moi sur le ventre, et que je le foule aux pieds, le maudit ! — Ce n'est pas la première ! — Horreur ! horreur ! qu'aucune âme humaine ne peut comprendre ! plus d'une créature plongée dans l'abîme d'une telle infortune ! Et la première, dans les tortures de la mort, n'a pas suffi pour racheter les péchés des autres, aux yeux de l'éternelle miséricorde ! La souffrance de cette seule créature dessèche la moelle de mes os, et dévore rapidement les années de ma vie ; et toi, tu souris tranquillement à la pensée qu'elle partage le sort d'un millier d'autres.

MÉPHISTOPHÉLÈS. — Nous sommes encore aux premières limites de notre esprit, que celui de vous autres hommes est déjà dépassé. Pourquoi marcher dans notre compagnie, si tu ne peux en supporter les conséquences ? Tu veux voler, et n'es pas assuré contre le vertige ! Est-ce nous qui t'avons invoqué, ou si c'est le contraire ?

FAUST. — Ne grince pas si près de moi tes dents avides. Tu me dégoûtes ! — Sublime Esprit, toi qui m'as jugé digne de te contempler, pourquoi m'avoir accouplé à ce compagnon d'opprobre, qui se nourrit de carnage, et se délecte de destruction ?

MÉPHISTOPHÉLÈS. — Est-ce fini ?

FAUST. — Sauve-la !... ou malheur à toi ! la plus horrible malédiction sur toi, pour des milliers d'années.

MÉPHISTOPHÉLÈS. — Je ne puis détacher les chaînes de la vengeance, je ne puis ouvrir les verrous. — Sauve-la ! — Qui donc l'a entraînée à sa perte ?... Moi ou toi ? (Faust lance autour de lui des regards sauvages.) Cherches-tu le tonnerre ? Il est heureux qu'il ne soit pas confié à de chétifs mortels. Écraser l'innocent qui résiste, c'est un moyen que les tyrans emploient pour se faire place en mainte circonstance.

FAUST. — Conduis-moi où elle est ! il faut qu'elle soit libre !

MÉPHISTOPHÉLÈS. — Et le péril auquel tu t'exposes ! Sache que le sang répandu de ta main fume encore dans cette ville. Sur la demeure de la victime planent des esprits vengeurs, qui guettent le retour du meurtrier.

FAUST. — L'apprendre encore de toi ! Ruine et mort de tout un monde sur toi, monstre ! Conduis-moi, te dis-je, et délivre-la.

MÉPHISTOPHÉLÈS. — Je t'y conduis ; quant à ce que je puis faire, écoute ! Ai-je tout pouvoir sur la terre et dans le ciel ? Je brouillerai l'esprit du geôlier, et je me mettrai en possession de la clef ; il n'y a ensuite qu'une main humaine qui puisse la délivrer. Je veillerai, les chevaux enchantés seront prêts, et je vous enlèverai. C'est tout ce que je puis.

FAUST. — Allons ! partons !

—

La nuit en plein champ.

FAUST, MÉPHISTOPHÉLÈS, galopant sur des chevaux noirs.

FAUST. — Qui se remue là autour du lieu du supplice ?

MÉPHISTOPHÉLÈS. — Je ne sais ni ce qu'ils cuisent, ni ce qu'ils font.

FAUST. — Ils s'agitent çà et là, se lèvent et se baissent.

MÉPHISTOPHÉLÈS. — C'est une communauté de sorciers.

FAUST. — Ils sèment et consacrent.

MÉPHISTOPHÉLÈS. — Passons ! passons !

—

Cachot

FAUST, avec un paquet de clefs et une lampe devant une petite porte de fer. — Je sens un frisson inaccoutumé s'emparer lentement de moi. Toute la misère de l'humanité s'appesantit sur ma tête. Ici ! ces murailles humides... voilà le lieu qu'elle habite, et son crime fut une douce erreur ! Faust, tu trembles de t'approcher ! tu crains de la revoir ! Entre donc ! ta timidité hâte l'instant de son supplice. (Il tourne la clef. On chante au dedans.)

C'est mon coquin de père
Qui m'égorgea ;
C'est ma catin de mère
Qui me mangea ;
Et ma petite sœur la folle
Jeta mes os dans un endroit
Humide et froid,
Et je devins un bel oiseau qui vole
Vole, vole, vole !

FAUST, ouvrant la porte. — Elle ne se doute pas que son bien-aimé l'écoute, qu'il entend le cliquetis de ses chaînes et le froissement de sa paille. (Il entre.)

MARGUERITE, se cachant sous sa couverture. — Hélas! hélas! les voilà qui viennent. Que la mort est amère!

FAUST, bas. — Paix! paix! je viens te délivrer.

MARGUERITE, se traînant jusqu'à lui. — Es-tu un homme? tu comp... ds ma misère.

FAUST. — Tes cris vont éveiller les gardes! (Il saisit les chaînes pour les détacher.)

MARGUERITE. — Bourreau! qui t'a donné ce pouvoir sur moi? Tu

Marguerite, seule, à son rouet.

viens me chercher déjà, à minuit! Aie compassion, et laisse-moi vivre. Demain, de grand matin, n'est-ce pas assez tôt? (Elle se lève.) Je suis pourtant si jeune, si jeune et je dois déjà mourir! Je fus belle aussi, c'est ce qui cau·a ma perte. Le bien-aimé était à mes côtés, maintenant il est bien loin; ma couronne est arrachée, les fleurs en sont dispersées... Ne me saisis pas si brusquement! épargne-moi! que t'ai-je fait? ne sois pas insensible à mes larmes : de ma vie je ne t'ai vu.

FAUST. — Puis-je résister à ce spectacle de douleur?

MARGUERITE. — Je suis entièrement en ta puissance; mais laisse-moi encore allaiter mon enfant. Toute la nuit je l'ai pressé contre mon cœur; ils viennent de me le prendre pour m'affliger, et disent que c'est moi qui l'ai tué. Jamais ma gaîté ne me sera rendue. Ils chantent des chansons sur moi! c'est mal de leur part! Il y a un vieux conte qui finit comme cela. A quoi veulent-ils faire allusion?

FAUST, se jetant à ses pieds. — Ton amant est à tes pieds, il cherche à détacher tes chaînes douloureuses.

MARGUERITE, s'agenouillant aussi. — Oh! oui, agenouillons-nous pour invoquer les saints. Vois sous ces marches, au seuil de cette porte... c'est là que bouillonne l'enfer! et l'esprit du mal avec ses grincements effroyables... quel bruit il fait.

FAUST, plus haut. — Marguerite! Marguerite!

MARGUERITE, attentive. — C'était la voix de mon ami! (Elle s'élance, les chaînes tombent.) Où est-il? Je l'ai entendu m'appeler. Je suis libre! personne ne peut me retenir, et je veux voler dans ses bras, reposer sur son sein! Il a appelé Marguerite. Il était là sur le seuil. Au milieu des hurlements et du tumulte de l'en-

fer, à travers les grincements, les rires des démons, j'ai reconnu sa voix si douce, si chérie!

FAUST. — C'est moi-même!

MARGUERITE. — C'est toi! oh! redis-le encore! (Le pressant contre elle.) C'est lui! lui! Où sont mes douleurs? où sont les angoisses de la prison? où sont les chaînes!... C'est bien toi! tu viens me sauver... Me voilà sauvée! — La voici la rue où je te vis pour la première fois! voilà le jardin où Martha et moi nous t'attendîmes.

FAUST, s'efforçant de l'entraîner. — Viens! viens avec moi!

MARGUERITE. — Oh! reste! reste encore... j'aime tant à être où tu es! (Elle l'embrasse.)

FAUST. — Hâte-toi! nous paierons cher un instant de retard.

MARGUERITE. — Quoi! tu ne peux plus m'embrasser! Mon ami, depuis si peu de temps que tu m'as quittée, déjà tu as désappris à m'embrasser? Pourquoi dans tes bras suis-je si inquiète?... quand naguère une de tes paroles, un de tes regards, m'ouvraient tout le ciel, et que tu m'embrassais à m'étouffer. Embrasse-moi donc, ou je t'embrasse moi-même. (Elle l'embrasse.) O Dieu! tes lèvres sont froides, muettes. Ton amour, où l'as-tu laissé? qui me l'a ravi? (Elle se détourne de lui.)

FAUST. — Viens! suis-moi! ma bien-aimée, du courage! je brûle pour toi de mille feux; mais suis-moi, c'est ma seule prière!

MARGUERITE, fixant les yeux sur lui. — Est-ce bien toi? es-tu bien sûr d'être toi?

FAUST — C'est moi! viens donc!

MARGUERITE. — Tu détaches mes chaînes, tu me reprends contre ton sein... comment se fait-il que tu ne te détournes pas de moi avec horreur? Et sais-tu bien, mon ami, sais-tu qui tu délivres?

FAUST. — Viens! viens! la nuit profonde commence à s'éclaircir.

MARGUERITE. — J'ai tué ma mère! Mon enfant, je l'ai noyé! Il te fut donné comme à moi! oui, à toi aussi. — C'est donc toi!... je te reconnais à peine. Donne-moi la main. — Non, ce n'est point un rêve.

Cache-toi! le crime et la honte ne peuvent se cacher.

Ta main chérie!... Ah! mais elle est humide! Essuie-la donc! il me semble qu'il y a du sang. Oh! Dieu! qu'as-tu fait? Cache cette épée, je t'en conjure!

FAUST. — Laisse là le passé, qui est passé! Tu me fais mourir.

MARGUERITE. — Non, tu dois me suivre! Je vais te décrire les tombeaux que tu auras le soin d'élever dès demain ; il faudra donner la meilleure place à ma mère, que mon frère soit tout près d'elle, moi, un peu sur le côté, pas trop loin cependant, et le petit contre mon sein droit. Nul autre ne sera donc auprès de moi ! — Reposer à tes côtés, c'eût été un bonheur bien doux, bien sensible ! mais il ne peut m'appartenir désormais. Dès que je veux m'approcher de toi, il me semble toujours que tu me repousses ! Et c'est bien toi pourtant, et ton regard a tant de bonté et de tendresse !

FAUST. — Puisque tu sens que je suis là, viens donc !

MARGUERITE. — Dehors ?

FAUST. — A la liberté.

MARGUERITE. — Dehors, c'est le tombeau ! c'est la mort qui me guette ! Viens !... d'ici dans la couche de l'éternel repos, et pas un pas plus loin. — Tu t'éloignes ! ô Henri ! si je pouvais te suivre !

FAUST. — Tu le peux ! veuille-le seulement, la porte est ouverte.

MARGUERITE. — Je n'ose sortir, il ne me reste plus rien à espérer, et, pour moi, de quelle utilité serait la fuite ! Ils épient mon passage! Puis, se voir réduite à mendier, c'est misérable, et avec une mauvaise conscience encore ! C'est si misérable d'errer dans l'exil ! et d'ailleurs ils sauraient bien me reprendre.

FAUST. — Je reste donc avec toi !

MARGUERITE. — Vite ! vite ! sauve ton pauvre enfant ! va, suis le chemin le long du ruisseau, dans le sentier, au fond de la forêt, à gauche, où est l'écluse, dans l'étang. Saisis-le vite, il s'élève à la surface, il se débat encore ! sauve-le ! sauve-le !

FAUST. — Reprends donc tes esprits ; un pas encore, et tu es libre !

MARGUERITE. — Si nous avions seulement dépassé la montagne ! Ma mère est là, assise sur la pierre, et elle secoue la tête, sans me faire aucun signe, sans cligner de l'œil, sa tête est si lourde, elle a dormi si longtemps !... Elle ne veille plus ! elle dormait pendant nos plaisirs. C'étaient là d'heureux temps !

FAUST. — Puisque ni larmes ni paroles ne font rien sur toi, il faut bien que je t'entraîne loin d'ici !

MARGUERITE. — Laisse-moi ! non, je ne supporterai aucune violence ! Ne me saisis pas si violemment ! je n'ai que trop fait ce qui pouvait te plaire.

FAUST. — Le jour se montre !..... mon amie ! ma bien-aimée !

MARGUERITE. — Le jour ? oui, c'est le jour ! c'est le dernier des miens ; il devrait être celui de mes noces ! Ne va dire à personne que Marguerite t'avait r çu si matin. Ah ! ma couronne !... elle est bien aventurée !... N us nous reverrons, mais ce ne sera pas à la danse. La foule se presse, on ne cesse de l'entendre ; la place, les rues pourront-elles lui suffire ? La cloche m'appelle, la baguette de justice est brisée. C mme ils m'enchaînent ! comme ils me saisissent ! Je suis déjà enlevée sur l'échafaud, déjà tombe sur le cou de chacun le tranchant jeté sur le mien... Voilà le monde entier muet comme le tombeau !

FAUST. — Oh ! que ne suis-je jamais né !

MÉPHISTOPHÉLÈS, se montrant au dehors. — Sortez ! ou vous êtes perdus. Que de paroles inutiles ! que de retards et d'incertitudes! Mes chevaux s'agitent, et le jour commence à poindre.

MARGUERITE. — Qui s'élève ainsi de la terre ? Lui ! lui ! chasse-le vite ; que vient-il faire dans le saint lieu ?... C'est moi qu'il veut.

FAUST. — Il faut que tu vives !

MARGUERITE. — Justice de Dieu, je me suis livrée à toi !

MÉPHISTOPHÉLÈS, à Faust. — Viens ! viens ! ou je t'abandonne avec elle sous le couteau !

MARGUERITE. — Je t'appartiens, père ! sauve-moi ! Anges, entourez-moi, protégez-moi de vos saintes armées !... Henri, tu me fais horreur !

MÉPHISTOPHÉLÈS. — Elle est jugée !

VOIX D'EN HAUT. — Elle est sauvée !

Méphistophélès, vois-tu une fille pâle et belle qui demeure seule dans l'éloignement.

MÉPHISTOPHÉLÈS, à Faust. — Ici, à moi ! (Il disparaît avec Faust.)

VOIX DU FOND, qui s'affaiblit. — Henri ! Henri !

NOTE
DU TRADUCTEUR.

La traduction qu'on vient de lire offre sans doute beaucoup d'imperfections. Je l'avais pas encore vingt ans lorsque je l'ai écrite ; mais si elle n'est que le résultat d'un travail assidu d'écolier, elle se trouve empreinte aussi, dans quelques parties, de cette verve de la jeunesse et de l'admiration qui pouvait correspondre à l'inspiration même de l'auteur, qui termina cette œuvre étrange à l'âge de vingt-trois ans. C'est, sans doute, ce qui m'a valu la haute approbation de Gœthe lui-même.

Ne lui ayant jamais écrit, ayant redouté même, de sa part, une de ces louanges bannies qu'un grand écrivain accorde volontiers à ses admirateurs, j'ai été heureux de recevoir plusieurs années après la mort de Gœthe le passage suivant, tiré d'un livre de Jean-Pierre Eckermann, intitulé : *Entretiens avec Gœthe dans les dernières années de sa vie*, et publié en 1836. La personne qui me l'envoyait d'Allemagne avait fait elle-même la traduction de cette page, et je crois devoir la donner telle qu'elle m'est parvenue.

Dimanche, 3 janvier 1830.

« Gœthe me montra le *keepsake* pour l'année 1830, orné de fort jolies gravures et de quelques lettres très intéressantes de lord Byron, pendant que je le parcourais, il avait pris en mains la plus nouvelle traduction française de son *Faust*, par Gérard, qu'il feuilletait et qu'il paraissait lire de temps à autre.

« De singulières idées, disait-il, me passent par la tête, quand je pense, que ce livre se fait valoir encore dans une langue, dans laquelle Voltaire a régné, il y a cinquante ans. Vous ne sauriez vous imaginer combien j'y pense, et vous ne vous faites pas d'idée de l'importance que Voltaire et ses grands contemporains avaient durant ma jeunesse, et de l'empire qu'ils exerçaient sur le monde moral. Il ne résulte pas bien clairement de ma biographie, quelle influence ces hommes ont eue sur ma jeunesse, et combien il m'a coûté de me défendre contre eux, et de me tenant sur mes propres pieds, de me remettre dans un rapport plus vrai avec la nature.

« Nous parlâmes encore sur Voltaire, et Gœthe me récita le poème intitulé : *Les Systèmes*. Je voyais combien il avait étudié et combien il s'était approprié toutes ces choses de bonne heure.

« Gœthe fit l'éloge de la traduction de Gérard en disant que, quoique en prose, pour la majeure partie, elle lui avait très bien réussi. Je n'aime plus lire le *Faust* en allemand, disait-il, mais dans cette traduction française tout agit de nouveau avec fraîcheur et vivacité.

« Le *Faust*, continua-t-il, pourtant, est quelque chose de tout-à-fait incommensurable, et toutes les tentatives de s'approprier à la raison (l'intelligence) sont vaines. L'on ne doit pas oublier non plus que la première partie du poème est sortie d'un état tout-à-fait obscur (confus) de l'individu; mais c'est précisément cette obscurité qui éveille la curiosité des hommes, et c'est ainsi qu'ils s'en préoccupent comme de tout problème insoluble. »

J'ai respecté à dessein les germanismes de cette version, de peur d'ôter quelque chose au sens de l'appréciation. Effrayé moi-même plusieurs fois des défauts de la première édition, j'ai corrigé beaucoup de passages dans les suivantes et surtout beaucoup de vers de jeune homme, en les remplaçant par une traduction littérale. Peut-être ai-je eu tort, car la forme ancienne de ces vers, qui, en raison de mes études d'alors, se rapportaient assez à la forme des poètes du XVIII° siècle, est, sans doute, ce qui aura frappé parfois le grand poète et aura provoqué une partie de ses réflexions.

En effet, lorsque Gœthe composa Faust, il étudiait à Strasbourg et se préoccupait tellement de la littérature française d'alors, qu'il se demandait un instant s'il n'écrirait pas ses ouvrages en français, comme l'avaient fait plusieurs auteurs, allemands de naissance. Cependant, plusieurs portions du *Faust* furent écrites ou pensées à Francfort, et le personnage de Marguerite, qui ne se trouve pas dans la tradition populaire de Faust, est dû au souvenir d'un amour de sa jeunesse dont il parle dans ses *Mémoires*. Cette figure éclaire délicieusement le fond un peu sombre de ce drame légendaire.

SECONDE PARTIE.

SUITE DE FAUST.

Le pacte infernal signé entre Faust et Méphistophélès ne s'est ni accompli ni dénoué entièrement dans la dernière scène du Faust de Gœthe. Méphistophélès rappelle à lui le docteur au moment où Marguerite va marcher au supplice, le lecteur a pu supposer que l'âme de Faust tombait au pouvoir du démon, pendant que celle de Marguerite s'élevait au ciel, emportée par les anges. Le sens se trouve complet ainsi. Mais il restait pourtant à l'auteur le droit de continuer la vie fabuleuse de son héros et de mettre en œuvre le reste de la légende populaire, dont il s'était écarté dans l'épisode de Marguerite.

C'est ce que Gœthe a tenté de faire dans un ouvrage auquel il employa les dernières années de sa vie et dont il fit paraître en 1827 un fragment sous le titre d'*Hélène*.

Le complément de cet épisode ne parut qu'après sa mort dans ses œuvres posthumes. Cet ouvrage singulier ne se rattache pas toujours au développement clair et précis de la première donnée, et quelle que soit souvent la grandeur des idées de détail, elles ne forment plus cet ensemble harmonieux et correct qui a fait du *Faust* un chef-d'œuvre immortel. Le lecteur peut en apprécier néanmoins la valeur dans l'analyse détaillée que nous allons donner en commençant par résumer l'idée générale de l'ouvrage qu'on vient de lire.

Le docteur Faust, présenté par l'auteur comme le type le plus parfait de l'intelligence et du génie humain, sachant toute science, ayant pensé toute idée, n'ayant plus rien à apprendre ni à voir sur la terre, n'aspire plus qu'à la connaissance des choses surnaturelles, et ne peut plus vivre dans le cercle borné des désirs humains. Sa première pensée est donc de se donner la mort ; mais les cloches et les chants de Pâques lui font tomber des mains la coupe empoisonnée. Il se souvient que Dieu a défendu le suicide et se résigne à vivre de la vie de tous, jusqu'à ce que le Seigneur daigne l'appeler à lui. Triste et pensif, il se promène avec son serviteur, le soir de Pâques au milieu d'une foule bruyante, puis dans la solitude de la campagne déserte, aux approches du soir. C'est là que ses aspirations s'épanchent dans le cœur de son disciple ; c'est là qu'il parle des doux âmes qui habitent en lui, dont l'une voudrait s'élancer après le soleil qui se retire, et dont l'autre se débat encore dans les liens de la terre. Ce moment suprême de tristesse et de rêverie est choisi par le Diable pour le tenter. Il se glisse sur ses pas sous la forme d'un chien, s'introduit dans sa chambre d'étude, et le distrait de la lecture de la Bible, où le docteur veut puiser encore des consolations. Se révélant bientôt sous une autre forme et profitant de la curiosité sublime de Faust, il vient lui offrir toutes les ressources magiques et surnaturelles dont il dispose, et lui escompter ainsi, pour ainsi dire, les merveilles de la vie future, sans l'arracher à l'existence réelle. Cette perspective séduit le vieux docteur, trop fort de pensée, trop hardi et trop superbe pour se croire perdu à tout jamais par ce pacte avec le démon. Celui dont l'intelligence voudrait lutter avec Dieu lui-même saura bien se tirer plus tard des pièges de l'esprit malin. Il accepte donc le pacte qui lui accorde le secours des esprits et toutes les jouissances de la vie matérielle, jusqu'à ce que lui-même s'en soit lassé et dise à sa dernière heure : Viens à moi, tu es si belle ! Une si large concession le rassure tout-à-fait, et il consent enfin à signer ce marché de son sang. On peut croire qu'il ne fallait rien moins pour le séduire ; car le Diable lui-même sera bientôt embarrassé des fantaisies d'une volonté infatigable. Heureusement pour lui, le vieux savant, enfermé toute sa vie dans son cabinet, ne les connaît que par l'étude, et non par l'expérience. Son cœur est tout neuf pour l'amour et pour la douleur, et il ne sera pas difficile peut-être à Méphistophélès de l'amener bien vite au désespoir, en agitant ses passions endormies. Tel paraît être le plan de Méphistophélès, qui commence par rajeunir Faust, au moyen d'un philtre, sûr, comme il le dit, qu'avec cette boisson dans le corps, la première femme qu'il rencontrera va lui sembler une Hélène.

En effet, en sortant de chez la sorcière qui a préparé le philtre, Faust devient amoureux d'une jeune fille nommée Marguerite, qu'il rencontre dans la rue. Pressé de réussir, il appelle Méphistophélès au secours de sa passion; et cet esprit, qui devait une heure auparavant l'aider dans de sublimes découvertes et lui dévoiler le *tout et le plus que tout*, devient pour quelque temps un entremetteur vulgaire, un Scapin de comédie, qui remet des bijoux, séduit une vieille compagne de Marguerite, et tente d'écarter les surveillants et les fâcheux. Son instinct diabolique commence à se montrer seulement dans la nature du breuvage qu'il remet à Faust pour endormir la mère de Marguerite, par son intervention monstrueuse dans le duel de Faust avec le frère de Marguerite. C'est au moment où la jeune fille succombe sous la clameur publique, après ce tableau de sang et de larmes, que Méphistophélès enlève son compagnon, et le transporte au milieu des merveilles fantastiques d'une nuit de sabbat, afin de lui faire oublier le danger que court sa maîtresse. Une apparition non prévue par Méphistophélès réveille le souvenir dans l'esprit de Faust, qui oblige le démon à venir avec lui au secours de Marguerite déjà condamnée et renfermée dans une prison. Là, se passe cette scène déchirante et l'une des plus dramatiques du théâtre allemand, où la pauvre fille, privée de raison, mais illuminée au fond du cœur par un regard de la mère de Dieu qu'elle avait implorée, se refuse à ce secours de l'enfer, et repousse son amant qu'elle voit par intuition abandonné aux artifices du Diable. Au moment où Faust veut l'entraîner de force, l'heure du supplice sonne, Marguerite invoque la justice du ciel, et les chants des anges risquent de faire impression sur le docteur lui-même ; mais la main de Méphistophélès l'arrache à ce douloureux spectacle et à cette divine tentation.

Faust à la cour de l'empereur.

Ici commence la seconde partie, dont il nous suffit ici de relever le dessin général. — Du moment que le désespoir d'amour n'a pas conduit Faust à rejeter l'existence ; du moment que la curiosité scientifique survit à cette mort de son cœur déchiré, la tâche de Méphistophélès devient plus difficile, et l'on entendra s'en plaindre souvent. Faust a rafraîchi son âme et a calmé ses sens au sein de la nature vivante et des harmonies divines de la création toujours si belle. Il se résout à vivre encore et à se replonger au milieu des hommes. C'est au point le plus splendide de leur foule qu'il va descendre cette fois.

L'action se transporte au milieu d'une cour impériale du moyen-âge. Les personnages qui paraissent n'ont pas d'autres noms que leurs titres ; de ses conseillers, demande où est son fou. Un page vient lui apprendre que le pauvre homme s'est laissé choir en descendant un escalier. Est-il mort ? Est-il ivre ? On ne le sait pas. Il ne remue plus.

Un second page annonce aussitôt qu'un autre fou vient de se présenter à sa place, qu'il est fort bien vêtu; mais que les hallebardiers ne veulent pas le laisser entrer. L'empereur donne un ordre, et Méphistophélès vient s'agenouiller devant le trône. Son compliment est gracieusement accueilli, et il prend la place de son prédécesseur à droite du prince.

Le conseil se met à discuter les affaires de l'État. Le chancelier parle longtemps contre la corruption du siècle, et passant en revue toutes les classes de la société, y signale partout un esprit d'immoralité et de révolte auquel il faut chercher un remède. Les juges eux-mêmes et les possesseurs de charges publiques ne sont pas exceptés de sa censure.

Le général se plaint des troupes et des officiers qui réclament un arriéré de solde, et menacent la tranquillité du pays. Le trésorier lui répond que les caisses sont vides, que tout le monde vit pour soi, et que la richesse de l'empire est tarie par les guerres et les divisions des partis politiques.

Le maréchal énumère les provisions de bouche que la cour dévore chaque jour, et se plaint de la cherté des subsistances qu'on gaspille à l'envi. Tous ces conseillers inquiets et maussades semblent être les mêmes dont nous avons entendu déjà les lamentations dans la *nuit du sabbat* du premier Faust. Au reste, toute l'action désormais se passe dans un monde vague, où il devient difficile de distinguer les fantômes des personnages réels.

L'empereur, étourdi de toutes ces plaintes, se tourne vers son nouveau fou, et lui demande s'il n'a pas à son tour une plainte à faire. Méphistophélès s'étonne, au contraire, des jérémiades qu'il vient d'entendre. Il commence par flatter l'empereur, qui peut tout, et qui n'a qu'à souffler pour abattre ses ennemis. Avec un peu de courage et de bonne volonté, tous ces embarras disparaîtront, et l'astre de l'empire recouvrera tout son éclat.

Les courtisans murmurent à ces paroles. Cela est aisé à dire! Mais que faut-il faire? Les gens à projets trouvent tout facile... Qu'est-ce qui vous manque? dit Méphistophélès. De l'argent? Voyez la grande difficulté. Le sol même de l'empire en est rempli. C'est de l'or brut dans les veines des monts, c'est de l'or monnayé dans les trous de murailles où l'ont caché les citoyens effrayés depuis longues années des guerres et des révolutions. Il ne s'agit que de faire paraître ces richesses à la face du soleil, au moyen des forces données à l'homme par la nature et par l'esprit.

« La nature et l'esprit! s'écrie le chancelier; ce ne sont pas des mots à dire à des chrétiens! C'est pour de telles paroles qu'on brûle les athées. La nature est le péché; l'esprit est le diable en personne, et le doute est le produit de leur accouplement monstrueux!... »

— Je reconnais là, dit Méphistophélès, votre savante circonspection. Ce que vous ne touchez pas, vous le croyez à mille lieues! Ce que vous ne chiffrez pas vous semble faux! Ce que vous ne sauriez peser n'a pour vous aucun poids! Ce que vous ne pouvez monnayer vous paraît sans valeur.

— Mais, dit l'empereur, à quoi bon tant de paroles? nous manquons d'argent, trouvez-en. Méphistophélès promet encore une fois tous les trésors enfouis dans la terre, et soutenu dans ses assertions par l'astrologue de la cour, qui offre l'aide de la divination et des charmes, pour trouver les mines inconnues et les trésors enfouis.

Ces deux personnages s'accordent à faire un si brillant tableau de ces finances impériales à *recouvrer sous la terre*, que le souverain veut se mettre tout de suite en besogne et prendre en main la pioche et la pelle. L'astrologue fait observer que le carnaval va s'ouvrir, et qu'il convient de le passer dans la joie. Il suffit d'avoir foi dans l'avenir, et de faire un dernier étalage de luxe et d'abondance publique. « À partir du mercredi des Cendres, dit l'empereur, nous commencerons donc nos nouveaux travaux. Jusque-là, vivons en gaîté. » Ici les fanfares résonnent, le conseil se sépare, et Méphistophélès rit à part soi de la façon dont il vient de jouer son rôle de fou.

Ici commence un intermède bouffon et satirique dont il est difficile de fixer les vagues allusions. Il ressemble en cela à celui de la première partie, intitulé : *Les noces d'Or d'Obéron et de Titania*.

Intermède.

La scène représente une vaste salle entourée de galeries et parée pour le carnaval. Là, se presse une foule de personnages de tous temps, dont on ne peut trop dire si ce sont des masques ou des fantômes. Un héraut est chargé du *récitatif* de cette longue scène, où mille acteurs divers chantent ou dissertent, selon leur rôle. Des jardiniers et jardinières, des bûcherons, oiseleurs, pêcheurs, forment une sorte d'entrées de ballet. Une mère et sa fille cherchent l'époux, rare à fixer; Polichinelle raille la foule affairée; des parasites se promettent les joies du festin, et des chœurs dominent par leurs chants le tumulte de l'assemblée. Le héraut donne aussi passage à un groupe de poètes didactiques, satiriques et romanesques; quelques-uns d'entre eux chantent la nuit et les tombeaux, et se pressent autour d'un vampire nouvellement ressuscité, pour en tirer des inspirations. Le héraut fait entrer derrière eux une mascarade selon la mythologie grecque, composée des Grâces et des Parques qui chantent leurs diverses fonctions humaines et divines. Les personnages symboliques, la crainte, l'espérance, la sagesse, prennent part à leur tour à ce concert, où *Zoïle-Thersite* élève sa voix discordante.

Bientôt Plutus arrive, entouré d'un brillant cortége, et la foule émerveillée fait cercle autour de lui. Le jeune homme qui conduit le char de ce dieu sème sur son passage des bijoux, des perles et des pierreries qui, recueillis par les assistants, se transforment en insectes, en papillons, en faux follets. On sent déjà que Méphistophélès n'est pas étranger à ces prodiges, et joue encore dans un monde plus relevé son rôle de physicien de la taverne d'Auerbach. Plutus, à son tour, descend du char, et ouvre un coffre-fort où brille l'or fondu, mesuré dans des vases d'airain. La foule se presse avidement vers ces sources nouvelles de prospérité. Mais Plutus, plongeant son sceptre dans le métal bouillonnant, en asperge l'assemblée, qui pousse des cris de douleur et de colère.

Une entrée de faunes, de satyres et de nymphes, amène en chantant un chœur, le dieu Pan, qu'une députation de gnômes vient complimenter, et auquel ils promettent les trésors renfermés dans la terre. On commence à voir ici que le dieu Pan n'est que l'empereur lui-même, déguisé. Les gnômes le conduisent vers le merveilleux trésor de Plutus; mais au moment où il se penche pour regarder dans le coffre, sa barbe et son costume prennent feu, et les courtisans, qui se précipitent pour éteindre les flammes, sont incendiés à leur tour. Le héraut, qui raconte toute cette scène au moment où elle se passe, appelle au secours de l'empereur, et maudit la mascarade imprudente. Méphistophélès, ou peut-être *Faust*, car l'auteur ne le nomme pas, caché sous les habits de Plutus, apaise les flammes, raille l'assemblée de sa frayeur et déclare que tout cela n'était qu'un tour de magie blanche.

Après cet intermède, l'action précédente recommence, et la cour, réunie dans les jardins, s'entretient des événements merveilleux de la fête qui vient de se passer. Ici, pour la première fois, nous voyons reparaître Faust, qui demande à l'empereur s'il est content de la mascarade. Ce dernier est enthousiaste de ses nouveaux hôtes, et approuve fort l'idée du divertissement, qui l'avait un peu effrayé d'abord, mais qui s'est dénoué si heureusement. « J'avais l'air de Pluton dans toutes ces flammes! dit-il avec orgueil, et au milieu de tous ces gnômes embrasés, il me semblait régner sur le peuple des salamandres. » Méphistophélès le flatte en lui jurant qu'il s'en faut de bien peu qu'il ne règne en effet sur tous les éléments.

Tout-à-coup le maréchal entre tout en joie, annonçant que tout va le mieux du monde; le général vient dire aussi que les troupes ont été payées; le trésorier s'écrie que ses coffres regorgent de richesses. Tout l'or qui roulait et ruisselait dans l'intermède semble être allé se condenser et se refroidir dans les caisses publiques.

« C'est donc un prodige! dit l'empereur. — Nullement, dit le trésorier. Pendant que cette nuit vous présidiez à la fête sous le costume du grand Pan, votre chancelier nous a dit : Je gage que, pour faire le bonheur général, il me suffirait de quelques traits de plume. Alors, pendant le reste de la nuit, mille artistes ont rapidement reproduit quelques mots écrits de sa main, indiquant seulement : ce papier vaut *dix*; cet autre, vaut *cent*; cet autre, *mille*, ainsi de suite. Votre signature est apposée, en outre, sur tous ces papiers. Depuis ce moment tout le peuple se livre à la joie, l'or circule et refine partout; l'empire est sauvé.

« Quoi, dit l'empereur, mes sujets prennent cela pour argent comptant! L'armée et la cour se contentent d'être payées ainsi! C'est un miracle que je ne puis trop admirer. »

Ici Méphistophélès, qui vient de jouer ce rôle de *Law* dans une cour du moyen-âge, en inspirant ces idées au chancelier, développe la théorie des *banques* et du *papier-monnaie*; et l'empereur, pour reconnaître le service que le docteur et lui viennent de lui rendre, les crée à tout jamais surintendants des finances et directeurs des mines dans toute l'étendue de ses états. Le fou qu'on avait cru mort, et que Méphistophélès avait remplacé, reparaît à la fin de cette scène. On lui apprend tout ce qui s'est passé, et l'empereur, joyeux de le retrouver vivant, le comble de richesses *en papier*. Le fou, seul de toute la cour, ne fait pas grand cas de ces billets de banque, et les veut faire servir à quelque usage inférieur. On se moque de lui, on le laisse seul avec Méphistophélès, qui lui jure que ce papier vaut de l'or. « Mais, dit le fou, me le changera-t-on bien contre de l'or? — Sans doute, tout de suite, dit Méphistophélès. — Je vais le changer, dit le fou. Mais avec de l'or puis-je acquérir comme autrefois une terre, une maison, un bois autour de la maison? — Sans nul doute. — Je vais vite changer le papier contre l'or, et l'or contre la maison et la terre. Dès ce soir, je vivrai tranquille dans ma propriété. — Pas si fou! dit Méphistophélès seul, en quittant la scène : Pas si fou!

Dans toutes ces scènes épisodiques, Faust a été presque oublié. Il reparaît dans la suivante avec ses désirs, son activité et ses poétiques aspirations de la première partie; c'est pourquoi nous donnerons cette scène dans son entier.

FAUST, MÉPHISTOPHÉLÈS.

MÉPHISTOPHÉLÈS. — Pourquoi m'amènes-tu dans ce passage écarté? il n'y a ici nul plaisir; il nous faut retourner dans cette foule bigarrée de la cour, où notre magie a tant de succès.

FAUST. — Ne me parle pas ainsi, tu as dans tes vieux jours usé tout cela à tes semelles; cependant ta manière d'agir à présent ne tend qu'à me manquer de parole. Moi, au contraire, je suis tourmenté; le maréchal et le chambellan me poussent, l'empereur veut que cela se fasse sur-le-champ... Il veut voir Hélène et Pâris, le modèle des hommes et celui des femmes; il veut les voir en figures humaines. Vite donc à l'œuvre, je ne saurais manquer à ma parole.

MÉPHISTOPHÉLÈS. — Ta légèreté de promettre était imprudence.

FAUST. — Tu n'as pas, compagnon, réfléchi non plus jusqu'où ces artifices nous conduiront. Nous avons commencé par le rendre riche, maintenant il veut que nous l'amusions.

MÉPHISTOPHÉLÈS. — Tu crois que tout se fait si vite!... Nous touchons ici à des obstacles plus rudes : tu vas mettre la main sur un domaine étranger, et te faire inconsidérément de nouvelles obligations. Tu comptes évoquer aisément Hélène, comme le fantôme de papier-monnaie, avec des sorcelleries empruntées, avec des fantasmagories postiches... J'appelle aisément à mon service la caverne des nains et des monstres; mais de telles héroïnes ne servent point aux amourettes du diable.

FAUST. — Voilà toujours ta vieille chanson. On est, avec toi, dans une incertitude continuelle; tu es le père des obstacles, et pour chaque remède tu demandes un salaire à part. Cependant cela finit par se faire, avec un peu de murmure, je le sais, et à peine on a pensé à la chose, que tu l'apportes déjà.

MÉPHISTOPHÉLÈS. — Le peuple des ombres païennes est en dehors de ma sphère d'activité. Il habite un enfer à lui : pourtant il existe un moyen.

FAUST. — Parle, et sans retard.

MÉPHISTOPHÉLÈS. — Je te découvre à regret un des plus grands mystères. Il est des déesses puissantes, qui trônent dans la solitude. Autour d'elles n'existe ni le lieu, ni moins encore le temps. L'on se sent ému rien que de parler d'elles. Ce sont LES MÈRES.

FAUST, effrayé. — Les Mères!

MÉPHISTOPHÉLÈS. — Ce mot t'épouvante?

FAUST. — Les Mères! les Mères! Cela résonne d'une façon si étrange.

MÉPHISTOPHÉLÈS. — Cela l'est aussi. Des déesses inconnues à vous mortels, et dont le nom nous est pénible à prononcer à nous-mêmes. Il faut chercher leur demeure dans les profondeurs du vide. C'est par ta faute que nous avons besoin d'elles.

FAUST. — Où est le chemin!

MÉPHISTOPHÉLÈS. — Il n'y en a pas. A travers des sentiers non foulés encore et qu'on ne peut fouler..., un chemin vers l'inaccessible, vers l'impénétrable... Es-tu prêt? — Il n'y a ni serrures, ni verrous à forcer; tu seras poussé parmi les solitudes. — As-tu une idée du vide et de la solitude?

FAUST. — De les discours tout inutiles; cela rappelle la caverne de la sorcière, cela reporte ma pensée vers un temps qui n'est plus! N'ai-je pas dû me frotter au monde, apprendre la définition du vide et la donner? — Si je parlais raisonnablement selon ma pensée, la contradiction redoublait de violence. N'ai-je pas dû, contre ces absurdes résistances, chercher la solitude et le désert, et pour pouvoir à mon gré vivre seul, sans être entièrement oublié, n'abandonner enfin à la compagnie du Diable.

MÉPHISTOPHÉLÈS. — Si tu traversais l'Océan, perdu dans son horizon sans rivages, tu verrais du moins la vague venir sur la vague, et même quand tu serais saisi par l'épouvante de l'abîme, tu apercevrais encore quelque chose. Tu verrais les dauphins qui fendent les flots verts et silencieux, tu verrais les nuages qui filent, et le soleil, la lune et les étoiles qui tournent lentement. Mais dans le vide éternel de ces profondeurs, tu ne verras plus rien, tu n'entendras point le mouvement de tes pieds, et tu ne trouveras rien de solide où te reposer par instants.

FAUST. — Tu parles comme le premier de tous les mystagogues qui ait jamais trompé de fervents néophytes. Mais c'est au rebours. Tu m'envoies dans le vide, afin que j'y accroisse mon art ainsi que mes forces; tu me traites comme ce chat auquel on faisait retirer du feu les châtaignes. N'importe! je veux approfondir tout cela, et dans ton néant, j'espère, moi, trouver le grand tout.

MÉPHISTOPHÉLÈS. — Je te rends justice avant que tu t'éloignes de moi, et je vois bien que tu connais le Diable. Prends cette clef.

FAUST. — Ce petit objet!

MÉPHISTOPHÉLÈS. — Touche-la, et tu apprécieras ce qu'elle vaut.

FAUST. — Elle croît dans ma main! elle s'enflamme! elle éclaire!

MÉPHISTOPHÉLÈS. — T'aperçois-tu de ce qu'on possède en elle? Cette clef sentira pour toi la place que tu cherches. Laisse-toi guider par elle, et tu parviendras près des Mères.

FAUST, frémissant. — Des Mères! cela me frappe toujours comme une commotion électrique. Quel est donc ce mot que je ne puis entendre?

MÉPHISTOPHÉLÈS. — Ton esprit est-il si borné qu'un mot nouveau te trouble; veux-tu n'entendre rien toujours que ce que tu as entendu? Tu es maintenant assez accoutumé aux prodiges pour ne point t'étonner de ce que je puis dire *au-delà de la portée*.

FAUST. — Je ne cherche point à m'aider de l'indifférence; la meilleure partie de l'homme est ce qui tressaille et vibre en lui. Si cher que le monde lui vende le droit de sentir, il a besoin de s'émouvoir et de sentir profondément l'*immensité*.

MÉPHISTOPHÉLÈS. — Descends donc! je pourrais dire aussi bien monte; c'est la même chose. Échappe à ce qui est, en te lançant dans les vagues régions des images. Réjouis-toi au spectacle du monde qui depuis longtemps n'est plus. Le mouvement de la terre entraîne les nuages; agite la clef et tiens-la loin de ton corps.

FAUST, transporté. — Dieu! je trouve en la serrant de nouvelles forces, et pour cette grande entreprise déjà ma poitrine s'élargit.

MÉPHISTOPHÉLÈS. — Un trépied ardent te fera reconnaître que tu es arrivé à la plus profonde des profondeurs. Aux lueurs qu'il projette, tu verras les Mères, les unes assises, les autres allant et venant, comme cela est. Forme, transformation, éternel entretien de l'esprit éternel, entouré des images toutes choses créées. Elles ne te verront pas, car elles ne voient que les *êtres* qui ne sont pas nés. Là, point de faiblesse; car le danger sera grand. Va droit où tu verras le trépied, et touche-le avec la clef.

FAUST élève la clef avec l'attitude de la résolution.

MÉPHISTOPHÉLÈS, l'encourageant. — C'est bien. Alors le trépied s'y attache et te suit en esclave. Tu remontes tranquillement; le bonheur t'élève, et avant qu'elles t'aient vu, te voilà de retour avec lui; et dès que tu l'auras posé sur le sol, tu pourras évoquer de la nuit éternelle héros et héroïnes toi le premier qui ait osé cette action. Elle sera accomplie, et par toi seul, et tu te verras durant l'opération magique se transformer en dieu les vapeurs de l'encens.

FAUST. — Et que faut-il faire maintenant?

MÉPHISTOPHÉLÈS. — Maintenant que tout ton être tonde en bas; trépigne des pieds pour descendre; tu trépigneras pour remonter.

FAUST trépigne sur le sol et disparaît.

MÉPHISTOPHÉLÈS. — Puisse sa clef le mener à bonne fin! Je suis curieux de savoir s'il reviendra.

Une salle du palais.

Faust a disparu dans l'abîme du vide. Méphistophélès, qui vient de lui donner les moyens d'accomplir courageusement son épreuve, retourne près de l'empereur qui, dans une salle richement éclairée, attend le résultat de cette fantasmagorie. Le chambellan exprime à Méphistophélès l'impatience du souverain. Réduit à un rôle secondaire, le Diable semble ici chargé d'amuser le tapis en attendant le retour de l'illustre magicien. On l'accable de questions, de prières; on lui demande des secrets de physique, de médecine, et même de toilette. Une jeune blonde se plaint des rougeurs qui tachent sa blanche peau dans la saison d'été. Méphistophélès lui donne la formule d'un onguent de frai de grenouilles et de langues de crapauds. Une brune expose piteusement son pied frappé d'un rhumatisme, qui ne peut ni danser ni courir. Le Diable applique seulement son pied fourchu sur le pied de cette belle, qui s'enfuit en criant, mais guérie. Bientôt ne sachant plus auquel entendre, le Diable se dérobe à cette cohue.

Dans la salle des chevaliers, l'empereur assis commence d'attendre; le héraut exprime les vœux de l'assemblée, préparée aux plus étranges apparitions. L'astrologue, qui jusque-là a toujours sondé l'espace, de son œil et de sa pensée, annonce enfin ce qu'aperçoit sa clairvoyance surnaturelle.

Dans le vide.

FAUST, d'un ton solennel. — J'invoque votre nom, ô Mères qui régnez dans l'espace sans bornes, éternellement solitaires, sociables pourtant, la tête environnée des images de la vie active, mais sans vie. Ce qui a une fois été se meut là-bas dans son apparence et dans son éclat, car toute chose créée se dérobe tant qu'elle peut au néant; et vous, forces toutes puissantes, vous savez répartir toutes choses pour la tente des jours ou la voûte des nuits. Les unes sont emportées dans le cours heureux de la vie; l'enchanteur hardi s'empare des autres, et se confiant dans son art, il prodigue noblement les miracles à la foule émerveillée.

L'ASTROLOGUE, sur le théâtre. — La clef ardente touche à peine le vase du trépied, qu'une vapeur épaisse s'en exhale et remplit l'espace. Elle roule, partage, dissipe et ramasse tour à tour les flocons nébuleux. Et maintenant, écoutez le sublime chœur des esprits; leur marche répand l'harmonie autour d'eux, et quelque chose d'inexprimable s'exhale de ces sons aériens. Les sons qui s'éloignent se déroulant en mélodies; la colonnade et le triglyphe résonnent, et il semble que le temple chante tout entier. La vapeur s'affaisse; du sein de ses plus légers nuages, s'avance un beau jeune homme dont les mouvements sont réglés par l'harmonie. Ici s'arrête ma tâche, et je n'ai nul besoin de le nommer. Qui ne reconnaîtrait le gracieux Pâris?

UNE DAME. — Oh! quel éclat de force et brillante jeunesse!
UNE AUTRE. — Frais et plein de sève comme une pêche nouvelle.
UNE AUTRE. — J'admire le doux contour de ses lèvres finement coupées.
UNE AUTRE. — Il courbe son bras si gracieusement sur sa tête.
LE CHAMBELLAN. — Un homme sans usage. J'en suis révolté.
UNE DAME. — Vous autres seigneurs, vous trouvez à redire à tout.
LE CHAMBELLAN. — En présence de l'empereur, s'étendre ainsi!
LA DAME. — C'est une pose qu'il prend; il se croit seul.
LE CHAMBELLAN. — L'acteur même doit ici suivre l'étiquette.
UNE JEUNE DAME, ravie. — Quel est ce parfum mêlé d'encens et de rose... qui, en le rafraîchissant, descend jusqu'au fond du cœur?
UNE AUTRE PLUS VIEILLE. — Il est vrai, un souffle divin répand dans l'air une odeur douce et pénétrante. C'est son haleine!
UNE PLUS VIEILLE. — C'est le sang frais de la croissance... qui circule comme ambroisie par tout le corps de ce jeune homme et s'exhale dans l'atmosphère autour de lui.
MÉPHISTOPHÉLÈS. (Hélène paraît.) — C'est donc elle enfin!... Eh bien! je ne sens pas mon repos compromis. Elle est parfaite; mais sa beauté ne me dit rien!
FAUST. — Ai-je encore mes yeux? Il semble qu'à travers mon âme s'épanche à flots la source de la beauté pure! Ma course de terreur aura-t-elle cette heureuse récompense? Combien le monde m'était nul et fermé! Qu'il me semble changé depuis mon sacerdoce! Le voilà désirable enfin! solide, durable!.. Meure le souffle de mon être si je vais jamais habiter loin de toi! L'image adorée qui me charma jadis dans le miroir magique n'était que le reflet vague d'une telle beauté! Je deviens désormais le mobile de toute ma force, l'aliment de ma passion! A toi désir, amour, adoration, délire!..
MÉPHISTOPHÉLÈS. — Contenez-vous! Ne sortez pas de votre rôle.
UNE VIEILLE DAME. — Grande, bien taillée. Seulement, la tête trop petite!
UNE PLUS JEUNE. — Regardez donc le pied... comment ferait-il pour être plus lourd?
UN DIPLOMATE. — J'ai vu des princesses de cette beauté. Des pieds à la tête elle me paraît accomplie!
UN COURTISAN. — Elle s'approche doucement du jeune homme endormi.
UN POÈTE. — Il est éclairé de sa beauté.
UNE DAME. — Endymion et la Lune. C'est un vrai tableau.
LE POÈTE. — C'est juste. La déesse semble descendre et se pencher sur lui pour boire son haleine. O sort digne d'envie... Un baiser!
UNE DUÈGNE. — Quoi! devant tout le monde! C'est trop d'extravagance!
FAUST. — Redoutable faveur pour le jeune homme!
MÉPHISTOPHÉLÈS. — Silence! Laisse l'image accomplir sa volonté.
LE COURTISAN. — Elle s'éloigne en glissant légèrement. Il s'éveille.
LE COURTISAN. — Elle revient vers lui avec une attitude pleine de pudeur.
UNE DAME. — Je remarque qu'elle semble lui apprendre quelque chose. En pareil cas, les hommes sont bien sots. Il croit vraiment qu'il est le premier.
UN CHEVALIER. — Laissez-moi l'admirer. Délicate avec majesté!
UNE DAME. — L'impudique! Cela est de la dernière inconvenance.
UN SAVANT. — Je la vois clairement ici; cependant j'avoue que je doute si c'est bien la véritable Hélène, la réalité même à l'absurde... Je me tiens avant tout à la lettre des textes, je lis donc : qu'elle a en effet séduit par sa beauté toutes les barbes grises de Troie. Et, comme il me semble, le fait s'accomplit même ici. Je ne suis pas jeune; et cependant elle me plaît.
L'ASTROLOGUE. — Ce n'est plus un jeune homme, c'est maintenant un hardi héros, qui la saisit dans la force de se défendre; il la soulève de son bras puissant. Serait-ce qu'il veut l'enlever?
FAUST, s'élançant. — Fou! téméraire! que fais-tu? Tu ne m'entends pas! Arrête! c'est trop!
MÉPHISTOPHÉLÈS. — Cette fantasmagorie est cependant ton ouvrage.
L'ASTROLOGUE. — Un mot seulement. D'après tout ce que j'ai vu, j'appellerais cette scène : L'ENLÈVEMENT D'HÉLÈNE.
FAUST, prenant un sérieux toute entière scène fantastique. — Quel enlèvement! suis-je pour rien à cette place? N'ai-je point dans la main cette clef! elle m'a guidé à travers l'épouvante, et le flot et la vague des espaces solitaires, et m'a ramené sur ce terrain solide. Ici je prends pied! ici est le domaine du réel, et d'ici l'Esprit peut lutter avec les esprits, et se promettre l'empire du

double univers!... Elle était si loin; comment la vois-je maintenant si près? Je la sauve, et elle est doublement à moi! Courage! ô Mères! Mères, exaucez-moi! Celui qui l'a connue ne peut plus se détacher d'elle!
L'ASTROLOGUE. — Que fais-tu? Faust, Faust! — De force il la saisit; déjà l'image s'est troublée. Il attaque le jeune homme avec la clef; il le touche. Malheur à nous, malheur!... Hélas! hélas!
(Explosion. Faust tombe à terre. Les Esprits se fondent en vapeur.)
MÉPHISTOPHÉLÈS, relevant Faust et le chargeant sur ses épaules. — Voilà ce que c'est; se charger d'un tel fou, c'est de quoi arriver à mal, fût-on le Diable lui-même! (Ténèbres, tumulte.)

La chambre d'étude du docteur Faust.

Méphistophélès a reporté le docteur Faust dans son ancienne demeure, il l'a couché sur le lit de ses pères; et pendant que son corps endormi repose, le Diable retrouve tout en place, tel qu'ils l'ont laissé, jusqu'à la plume même qui a servi au pacte, et où brille encore le reste de la goutte de sang tirée aux veines du docteur. C'est une pièce rare, et qui se vendra cher aux antiquaires, dit Méphistophélès.

Un chœur d'insectes salue le maître, et court, bourdonne et danse autour de lui; la vieille fourrure de la robe doctorale bruit de ces chants légers. Méphistophélès revêt encore une fois ce costume, et voit la cloche pour appeler les gens de la maison. Un serviteur arrive, et s'effraie de voir cet hôte inattendu. — Méphistophélès le reconnaît. Vous vous appelez Nicodème? lui dit-il. — Vous me connaissez? — Je vous reconnais; vous avez vieilli beaucoup, et vous êtes étudiant encore, respectable sire!...

Le vieil étudiant a passé au service du docteur Vagner, qui se livre à de graves expériences de chimie transcendantale. Un bachelier entre à son tour, la tête haute et fier de son nouveau grade. Il parle et raisonne sur tout, et prétend argumenter contre le Diable lui-même, qu'il trouve arriéré, suranné, et sentant la vieille école. On reconnaît dans ce fier personnage l'humble étudiant de la première partie.

La scène se passe ensuite au laboratoire de Vagner, qui, las de la chimie et de la physique expérimentale, a imaginé de dérober le secret de la création. A force de combiner les gaz, les fluides et les plus purs éléments de la matière, il est parvenu à concentrer dans une fiole le mélange précis où doit éclore le germe humain. De ce moment, la femme devient inutile, la science est maîtresse du monde... mais au moment où déjà la flamme reluit au fond de la fiole, Méphistophélès entre brusquement. — « Silence! arrêtez-vous, dit Vagner. — Qu'y a-t-il? — Un homme va se faire. — Un homme! Vous avez donc enfermé des amants quelque part? — Bon! dit Vagner : une femme et un homme, n'est-ce pas? C'était là l'ancienne méthode; mais nous avons trouvé mieux. Le point d'où jaillissait la vie, la douce puissance qui s'élançait de l'intérieur des êtres confondus, qui prenait et donnait, destinée à se former d'elle-même, s'alimentant des substances voisines d'abord, et ensuite des substances étrangères, tout ce système est vaincu, dépassé; et si la brute y plonge encore avec délices, l'homme doué de plus nobles facultés doit rêver une plus noble et plus pure origine. »

En effet, cela monte et bouillonne; la lueur devient plus vive, la fiole tinte et vibre, un petit être se dessine et se forme dans la liqueur épaisse et blanchâtre; ce qui tintait prend une voix. Homonculus, dans sa fiole, salue son père scientifique. Il se réjouit de vivre, et craint seulement que le père en l'embrassant ne brise trop tôt son enveloppe de cristal; là la loi des choses. Ce qui est naturel s'étend dans toute la nature; mais le produit de l'art n'occupe qu'un espace borné.

Homonculus salue aussi le Diable, qu'il appelle son cousin, et lui demande sa protection pour vivre dans le monde. Le Diable lui conseille de donner tout de suite une preuve de sa vitalité. Homonculus s'échappe des mains de Vagner, et s'en va voltiger sur le front de Faust, endormi. Là, il semble prendre part au rêve que fait le docteur dans ses aspirations vers la beauté antique; il assiste avec lui à l'image de la naissance d'Hélène. Léda se baigne sous de frais ombrages, dans les eaux pures de l'Eurotas. Un bruit se fait entendre dans la feuillée; des femmes s'échappent à demi nues, la reine restée seule reçoit dans ses bras le cygne divin.

C'est ainsi que donne à Faust l'idée d'où sortiront les scènes étranges qui se préparent. L'apparition fantastique qui a eu lieu dans le palais lui a laissé, comme on l'a vu, une impression extraordinaire. S'il a saisi la clef magique dans la scène que nous venons de rapporter, c'était pour attaquer le spectre de Pâris qu'il n'a pu voir sans jalousie tenter d'enlever Hélène. Mêlant tout-à-coup les idées du monde réel et celles du monde fantastique, il s'est épris profondément de la beauté d'Hélène, qu'on ne pouvait voir sans l'aimer. Où est-elle? Elle existe quelque part dans le monde, puisque l'art magique a pu la faire apparaître. Fantôme pour tout autre, elle représente un obet réel pour cette vaste intelligence qui conçoit à la fois le connu et l'inconnu. Voilà donc un amour de tête, un amour de rêve et de folie qui succède dans son cœur à l'amour tout naïf et tout humain que nous lui avons vu pour Marguerite. Un philosophe, un savant épris d'un fantôme ou d'une ombre, ce n'est point une idée nouvelle, mais le succès d'une telle passion s'explique difficilement sans tomber dans l'absurde dont l'auteur a toujours su se garantir jusqu'ici. D'ailleurs la *légende* de son héros, où domine principalement l'histoire de l'évocation d'Hélène et de l'amour de Faust pour cette ombre illustre, le guidait sans cesse dans cette partie de l'ouvrage.

La descente aux enfers.

Cette fois il ne s'agit plus d'attirer des fantômes dans notre monde, il faut pénétrer dans le monde des fantômes, il faut aller poser le pied solidement dans l'univers antique, qui sans doute existe dans quelque partie du monde chrétien, et dans le purgatoire, si ce n'est dans l'enfer. Ce sera presque la *descente aux enfers d'Orphée*, car il faut remarquer que Gœthe n'admet guère d'idées qui n'aient pas une base dans la poésie classique. Quand le docteur expose à Méphistophélès sa résolution arrêtée, ce dernier recule lui-même. Il est maître des illusions et des prestiges; mais il ne peut aller troubler les ombres qui ne sont point sous sa domination, et qui, chrétiennes ou païennes, mais non damnées, flottent au loin dans l'espace, protégées contre le néant par la puissance du souvenir. Le monde païen lui est non-seulement interdit, mais inconnu. Cependant l'audace d'une telle entreprise le séduit enfin, et tout s'arrange pour le départ. Voilà donc Faust et Méphistophélès qui s'élancent hors de l'atmosphère terrestre; Faust en proie à une pensée unique, celle d'Hélène; le Diable moins préoccupé, toujours froid, toujours railleur; mais curieux, lui, de ce monde où il n'est jamais entré. Tandis que le docteur, perdu dans l'univers antique, s'y reconnaît peu à peu avec le souvenir de ses savantes lectures; qu'il demande Hélène au vieux centaure Chiron, à Manto la devineresse, et finit par apprendre qu'elle habite avec les femmes l'antre de Perséphone, l'antre diabolique *Hadès*, situé dans une des cavernes de l'Olympe, Méphistophélès s'arrête de loin en loin dans ces régions fabuleuses; il cause avec les vieux démons du Tartare, avec les sibylles et les parques, avec le sphynx plus ancien encore... mais ces scènes méritent bien d'être exposées avec quelque détail : cela commence par un interlude intitulé *sabbat classique*. Il semble que dans cette partie l'auteur ait voulu donner un pendant à la Nuit du Sabbat de la première partie, en créant cette fois une sorte de sabbat du Tartare antique. Erichto ouvre la scène, et décrit les terreurs de cette nuit orageuse, qui se passe aux champs de Pharsale. Faust et Méphistophélès passent bientôt, portés sur le manteau magique, et guidés par Homonculus, qui voltige dans l'air en les éclairant, comme le follet du premier sabbat. Les sages de la Grèce, les sphynx et les syrènes rêvent leurs pensées et chantent leurs chants. Méphistophélès les interroge curieusement, et discute avec eux sur des points d'histoire et de philosophie.

Pendant ce temps Faust se transporte aux rives du Pénéios et se plonge dans ses flots en interrogeant les nymphes qui l'habitent. Il rencontre Chiron, qui l'invite à sauter sur son dos et lui fait traverser le fleuve; ce centaure l'emporte aux champs de Pharsale, où Rome vainquit la Grèce.

Chiron parle à Faust avec enthousiasme des héros de son temps, de Jason, d'Orphée et d'Achille, son élève. Faust ne veut entendre parler que d'Hélène, la belle des belles, le type le plus pur de l'antique beauté.

Mais la beauté n'est rien selon Chiron, la grâce seule est irrésistible. Telle était Hélène quand elle s'assit sur son dos de coursier. — Tu l'as vue? — Elle! dit Chiron; oui, sur ce dos même où tu es assis. Elle se tenait comme toi, la chevelure où elle plongeait ses blanches mains, rayonnante de charmes, jeune, délices du vieillard. — Elle avait à peine sept ans alors, n'est-ce pas? dit Faust. — Prends garde, observe Chiron, les *mythologies* se trompent souvent et trompent les autres. C'est un être à part que la femme mythologique; le poète la crée selon sa fantaisie. Elle ne sera jamais majeure, jamais vieille, elle a toujours aspect séduisant qui éveille les désirs. On l'enleva jeune, et vieille on la désire encore. En un mot, pour le poète le temps n'existe pas.

— Ainsi, dit Faust, le temps n'eut sur elle aucun empire! Achille la rencontra bien à Phéra, en dehors de tout espace de temps. Quel étrange bonheur ! cet amour fut conquis sur le destin. Et ne puis-je, moi, par la seule force du désir, rappeler à la vie les formes abstraites et uniques, la créature éternelle et divine, aussi grande que tendre, aussi sublime qu'aimable? Tu la vis jadis, et moi aujourd'hui je l'ai vue, aussi belle que charmante, aussi belle que désirée; maintenant tout mon esprit, tout mon être en sont possédés. Je ne vis point si je ne puis l'atteindre !

Ici Chiron jug— — Faust a perdu la raison, il le renvoie à Manto,

la fille d'Esculape, qui, moins sévère que Chiron, admire ce noble esprit humain possédé de la soif de l'impossible. Elle promet à Faust son aide puissante, et le guide vers l'antre obscur de Perséphone, creusé dans le pied du mont Olympe.

Méphistophélès parcourt d'un autre côté les vagues régions du monde des ombres; de l'entretien des sages, il passe à celui des lamies, qui tentent de le séduire en lui offrant des charmes analogues à sa nature diabolique. Il en veut saisir une petite qui lui glisse dans les mains comme une couleuvre; et une grasse plus appétissante, qui au toucher tombe en morceaux comme un champignon.

Le chœur des ombres antiques finit par reconnaître Méphistophélès pour un fils de sorcière, fille elle-même de sibylle, et Méphistophélès humilié se met à railler l'antiquité comme le temps présent. Puis, curieux de prendre un rôle actif dans la comédie fantastique qui va se jouer autour du docteur, il revêt le costume et l'apparence symbolique de Phorkyas, la vieille intendante du palais de Ménélas.

En effet, Hélène, tirée par le désir de Faust de sa demeure ténébreuse de l'Hadès, se retrouve entourée de ses femmes devant le péristyle de son palais d'Argos, à l'instant même où elle vient de débarquer aux rives paternelles, ramenée par Ménélas de l'Egypte où elle s'était enfuie après la chute de Troie. Est-ce le souvenir qui se refait *présent* ici? ou les mêmes faits qui se sont passés se reproduisent-ils une seconde fois dans les mêmes détails? C'est une de ces hallucinations effrayantes du rêve et même de certains instants de la vie, où il semble qu'on refait une action déjà faite et qu'on redit des paroles déjà dites, prévoyant, à mesure, les choses qui vont se passer. Cet acte étrange se joue-t-il entre les deux âmes de Faust et d'Hélène, ou entre le docteur vivant et la belle Grecque?... Quand, dans les dialogues de Lucien, le philosophe Ménippe prie Mercure de lui faire voir les héros de l'ancienne Grèce, il se récrie tout à coup de surprise en voyant passer Hé one : Quoi! dit-il, c'est ce crâne dépouillé qui portait de si beaux cheveux d'or? c'est cette bouche hideuse qui donnait de si doux baisers ?... Ménippe n'a rencontré qu'un affreux squelette, dernier débris matériel du type le plus pur de la beauté. Mais le philosophe moderne, plus heureux que son devancier, va trouver Hélène jeune et fraîche comme en ses plus beaux jours. C'est encore Méphistophélès, qui, sous les traits de Phorkyas, guidera vers lui cette épouse légère de Ménélas, infidèle toujours, dans le temps et dans l'éternité.

Hélène ou la beauté éternelle.

Le cercle d'un siècle vient donc de recommencer, l'action se fixe et se précise; mais à partir du débarquement d'Hélène, elle va franchir les temps avec la rapidité du rêve. Il semble, pour nous servir d'une comparaison triviale, mais qui exprime parfaitement cette bizarre évolution, que l'horloge éternelle, retardée par un doigt invisible, et fixée de nouveau à un certain jour passé depuis longtemps, va se détraquer, comme un mouvement dont la chaîne est brisée, et marquer ensuite peut-être un siècle pour chaque heure. En effet, à peine avons-nous écouté les douces plaintes des suivantes d'Hélène, ramenées captives dans leur patrie ; les lamentations et les terreurs de la reine, qui rencontre au seuil de son palais les ombres menaçantes de ses dieux lares offensés ; à peine a-t-elle appris qu'elle est désignée pour servir de victime à un sacrifice sanglant fait en expiation des malheurs de la Grèce et des justes ressentiments de Ménélas, que déjà Phorkyas lui vient annoncer qu'elle peut échapper à ce destin en se jetant, fille d'un âge qui s'éteint, dans les bras d'un âge qui vient de naître.

L'époque grecque, représentée par Ménélas et par son armée, et victorieuse à peine de l'*époque assyrienne*, dont Troie fut le dernier rempart, est déjà menacée à son tour par un nouveau cycle historique qui se lève derrière elle, et se dégage peu à peu des doubles voiles de la barbarie primitive, et de l'avenir chargé d'idées nouvelles. Une race à demi sauvage, descendue des monts Cimmériens, gagne peu à peu du terrain sur la civilisation grecque, et bâtit déjà ses châteaux à la vue des palais et des monuments de l'Argolide. C'est le germe du moyen âge, qui grandit d'instants en instants. Hélène, l'antique beauté, représente un type éternel, toujours admirable et toujours reconnu de tous; par conséquent, elle peut échapper, par une sorte d'abstraction subite, à la persécution de son époux, qui n'est, lui, qu'une *individualité* passagère et circonscrite dans un âge borné. Elle renie, pour ainsi dire, ses dieux et son temps, et tout-à-coup Phorkyas la transporte dans le château crénelé, qui protége encore l'époque féodale naissante. Là règne et commande Faust, l'homme du moyen-âge, qui en porte dans son front tout le génie et toute la science, et dans son cœur tout l'amour et tout le courage.

Ménélas et ses vaines cohortes tentent d'assiéger le castel gothique; mais ces ombres ennemies se dissipent bientôt en nuées, vaincues à la fois par le temps et par les clartés d'un jour nouveau. La victoire reste donc à Faust, qui, vêtu en chevalier, accepte Hélène pour sa dame et pour sa reine. La femme de l'époque antique, jusque-là toujours esclave ou sujette, vendue, enlevée, troquée souvent, s'habitue avec délices à ces respects et à ces honneurs nouveaux. Les murs du château féodal, désormais inutiles, s'abaissent et deviennent l'enceinte d'une demeure enchantée, aux édifices de marbre, aux jardins taillés en bocages et peuplés de statues riantes. C'est la transition du moyen-âge vers la renaissance. C'est l'époque où l'homme vêtu de fer s'habille de soie et de velours, où la femme règne sans crainte, où l'art et l'amour déposent partout des germes nouveaux. L'union de Faust et d'Hélène n'a pas été stérile, et le chœur salue déjà la naissance d'Euphorion, l'enfant illustre du génie et de la beauté.

Ici la pensée de l'auteur prend une teinte vague et mélancolique, qu'il devient plus difficile de définir, mais qui semble amener, sous l'allégorie d'Euphorion, la critique des temps modernes. Euphorion ne peut vivre en repos; à peine né, il s'élance de terre, gravit les plus hauts sommets, parcourt les plus rudes sentiers, veut tout embrasser, tout pénétrer, tout comprendre, et finit par éprouver le sort d'Icare en voulant conquérir l'empire des airs. L'auteur, sans s'expliquer davantage, dit-on par cette mort le bonheur passager de Faust, et Hélène mourante à son tour est rappelée par son fils au séjour des ombres, et ici encore l'imitation de la légende reparaît.

Le peuple fantastique, qui avait repris l'existence autour des deux époux, se dissipe à son tour, rendant à la nature les divers éléments qui avaient servi à ces incarnations passagères.

Le système panthéistique de Gœthe se peint de nouveau dans ce passage, où il renvoie d'un côté les formes matérielles à la masse commune, tout en reconnaissant l'individualité des intelligences immortelles. Seulement, comme on le verra, les esprits d'élite lui paraissent seuls avoir la cohésion nécessaire pour échapper à la confusion et au néant. Tandis qu'Hélène doit à son illustration et à ses charmes la conservation de son individualité, sa fidèle suivante Panthalis est seule sauvée par la puissance de la fidélité et de l'amour. Les autres, vaines animations des forces magnétiques de la matière, sans perdre une sorte de vitalité commune et incapable de pensées, bruissent dans le vent, éclatent dans les lueurs, gémissent dans les ramées et pétillent joyeusement dans la liqueur nouvelle, qui créera aux hommes des idées fantaisies et des rêves insensés.

Le chœur qui termine cet acte est d'une poésie remarquable.

PANTHALIS. — Maintenant, hâtes-vous, jeunes filles ! Enfin nous sommes débarrassées du charme que nous imposait cette vieille sibylle de Thessalie. Ainsi nos oreilles n'entendent plus ce tintamarre de sons confus qui distrait l'ouïe, et plus encore le sens intérieur. Descendons dans le Hadès (l'ancien Élysée) ! La reine n'y est-elle point allée à pas mesurés et graves ? que les pas des fidèles servantes suivent immédiatement les siens ; nous la trouverons près du trône de ceux que nul n'approfondit.

LE CHŒUR.

Les reines sont reines partout, même dans le Hadès, elles ont les premières places ; se rangeant fièrement près de leurs égales, familières avec Perséphone (1) ; mais nous, nous sommes reléguées sous les profondes prairies d'Asphodèle, parmi les peupliers élancés, au sein des pâturages stériles. Quel passe-temps nous reste-t-il ? Plaintives comme les chauves-souris, bruissantes sans joie comme les spectres.

LA CHORYPHÉE.

Celui qui ne s'est acquis aucun nom, qui n'aspire vers rien de noble, appartient aux éléments ; aussi passez, passez ! Je désire ardemment être seule avec ma reine ; non seulement le mérite, mais la fidélité nous conserve notre existence.

(Elle part.)

TOUTES.

Nous sommes rendues à la lumière du jour ; à la vérité, nous ne sommes plus des personnes, nous le sentons, nous le savons, mais nous n'irons jamais vers le Hadès, la nature éternellement vivante a des droits sur nous comme esprits, et nous sur elle comme nature.

UNE PARTIE DU CHŒUR. — Et nous, dans les sifflements et les chuchotements des deux souffles des zéphyrs, nous attirons en folâtrant, nous appelons doucement les racines des sources vitales vers les branches, tantôt par des feuilles, tantôt par des fleurs. Nous ornons avec transport les cheveux qui flottent librement dans les airs.

UNE AUTRE PARTIE DU CHŒUR. — Nous, à ce miroir poli qui s'étend au flanc de ces parois de rochers, nous nous plions en caressant, nous nous mouvons en douces vagues, nous écoutons et prêtons l'oreille à chaque son, le chant des oiseaux, les bruits des roseaux, que cela soit la voix formidable de Pan, notre réponse est toute prête. Si le vent souffle, nous soufflons aussi en réponse ; s'il tonne, nos ton-

(1) Proserpine.

nerres roulent et redoublent effroyablement ; trois fois, dix fois nous y répondons.

UNE TROISIÈME PARTIE DU CHŒUR. — Sœurs ! les sens émus, nous avançons avec les ruisseaux ; car cette suite de collines richement ornées dans le lointain, là-bas, nous attire. Toujours en descendant, toujours plus profondément, nous versons l'eau, serpentant comme les méandres, tantôt vers la prairie, tantôt vers les bocages, comme le jardin qui entoure la maison. Là les sommets élancés des cyprès l'indiquent, par-delà le paysage, le long des rives et au miroir des vagues aspirant à l'Éther.

UNE QUATRIÈME PARTIE. — Errez, vous autres, où il vous plaira ; nous nous entrelaçons, nous bruissons autour de la colline plantée partout, où sur le cep la vigne verdit. Là, tous les jours, à chaque heure, la passion du vigneron nous fait voir le résultat heureux de son labeur plein d'amour ; tantôt avec la hache, tantôt avec la bêche, tantôt en amoncelant, en coupant, en rattachant ; il prie tous les dieux, mais avant tous le dieu du soleil. Bacchus le doucereux se soucie peu du fidèle serviteur ; il repose dans les feuillages ; il s'appuie dans les cavernes, folâtrant avec le plus jeune des faunes. Tout ce dont il a besoin pour la douce ivresse reste toujours préparé pour lui dans les antres, remplissant les cruches et les vases conservés à droite et à gauche, au fond de ces caves éternelles. Mais lorsque tous les dieux, lorsque Hélios, avant tout, en formant de l'air, en créant des vapeurs, en chauffant, en brûlant, ont amoncelé la corne d'abondance des grains, où travaillait le silencieux vendangeur, aussitôt tout s'anime encore, et chaque feuillage remue ; un bruit sourd se fait entendre de cep à cep. Des corbeilles craquent, des seaux clapotent, des hottes gémissent de toutes parts vers la grande cuve, pour la danse vigoureuse des vignerons. Et c'est ainsi qu'on foule furieusement aux pieds la sainte abondance des grains pleins de sève. Écumant et vomissant, tout s'entremêle hideusement broyé. Et maintenant retentissent dans l'oreille les sons d'airain des cymbales et des bassins. Car Dionysos a dépouillé le voile de ses mystères. Il se montre avec ses satyres et leurs femelles chancelantes, et l'animal aux longues oreilles de Silenus vient à travers, avec son ton rauque et criard. Rien n'est ménagé ; des animaux à pieds fourchus foulent au pied toute pudeur ; tous les sens tournent comme dans un tourbillon ; l'oreille en est tout étourdie. Des hommes ivres tâtonnent après le museau des coupes, les têtes, les ventres sont pleins. L'un ou l'autre résiste encore ; mais il ne fait qu'augmenter le tumulte ; car, pour faire place au vin nouveau, on vide rapidement les outres des vieilles vendanges.

Le champ de bataille.

Après la mort, ou plutôt l'anéantissement du fantôme adoré d'Hélène, Faust se retrouve sur le sommet d'une montagne, encore ébloui des visions perdues, qui pour lui ont été réelles, et ont occupé quelque temps l'activité de son âme. Méphistophélès vient lui demander s'il n'est pas las encore de la vie, et s'il n'a pas tout épuisé, la science, la gloire, l'amour de cœur, l'amour d'intelligence, et n'est pas content encore d'avoir pu sonder vivant deux infinis : le temps et l'espace. Que peut-il vouloir encore ? La richesse, le pouvoir, le plaisir des sens ? Mais ce sont là des phases de l'existence, que Faust a traversées sans s'y arrêter.

« Je vois, dit Méphistophélès, qu'il nous faut passer à une autre sphère ; celle-ci est épuisée, tordue comme une orange vide. C'est vers la lune que ton esprit aspire maintenant, je le vois bien.

— Tu te trompes, dit Faust, la terre est encore un théâtre assez vaste pour ton activité. Je veux frapper d'admiration les races humaines. Je veux laisser des monuments de mon passage et pétrir dans la nature au moule idéal de ma pensée. Assez de rêves ; la gloire n'est rien ; mais l'action est tout.

— Qu'il soit donc fait à ton gré ! dit le Diable, qui commence à désespérer de fatiguer une intelligence si robuste. Et ils abaissent de nouveau leur vol sur le monde matériel. La vie humaine recommence à bruire autour d'eux. »

Combien de temps s'est-il passé depuis qu'ils ont quitté la cour de l'empereur ? Des années, des instants, peut-être. Mais l'empereur est encore vivant. La prospérité financière improvisée par Méphistophélès n'a pas été de longue durée. Le papier-monnaie est redevenu papier ; les folles dissipations de la cour ont mis le comble à la misère publique. Une grande partie de l'empire s'est soulevée, et le souverain légitime joue sa couronne dans une dernière bataille. Faust ordonne à Méphistophélès de le secourir, et se dispose lui-même à prendre part au combat, revêtu d'une armure brillante. Trois personnages magiques deviennent les aides-de-camp du nouveau général, et Méphistophélès évoque de terre les fantômes innombrables des âmes disparues. L'empereur, placé entre ces deux amis, les questionne en tremblant sur ces effrayantes levées qui se déroulent en légions bizarres, tantôt représentant des forces à vaincre le monde, et tantôt d'innocents brouillards embrasés des feux du couchant. L'aide de ces fantômes n'empêche pas les véritables troupes de l'empereur d'être taillées en pièces, si bien qu'il ne restera plus un bras de chair et de sang pour protéger le sein de l'empereur contre les hardis révoltés. En effet, ceux-là n'ont pas tardé à s'apercevoir que les lances qui les menaçaient ne faisaient aucune blessure, et déjà les voilà qui gravissent les hauteurs. Ici Méphistophélès fait appel aux esprits des sources souterraines qui envoient à la surface de la terre une apparence d'inondation. Les troupes ennemies se croient au moment d'être noyées, ainsi que l'armée de Pharaon, et se dispersent comme des troupeaux au milieu des brouillards qui égarent leurs yeux et leur pensées. L'empereur, maître du champ de bataille, est bientôt rejoint par les siens. Il ne songe plus qu'à récompenser ceux qui lui sont restés fidèles. A ce moment tout le monde l'a été, et chacun apporte ses preuves. L'archevêque seul vient faire entendre des paroles sévères et reprocher à l'empereur de n'avoir triomphé qu'à l'aide des puissances infernales. On l'apaise en lui promettant de bâtir une magnifique église sur le lieu même de la bataille, et en faisant au clergé de l'empire de riches dotations.

Quant à Faust, il demande la concession d'un vaste royaume où il puisse réaliser ses plans et ses découvertes : pour n'avoir pas à s'embarrasser dans les mille réseaux du droit, des souvenirs et de la propriété, il choisit un terrain vierge encore, qu'il se charge lui-même de gagner sur la mer. Maintenant, soit qu'en effet la mer recule et se continue derrière des digues immenses, soit qu'un nouveau prestige crée un pays d'illusions sur les dunes arides de l'océan, Faust se trouve le souverain d'une riche contrée habitée par un peuple paisible. Un voyageur, qui jadis a fait naufrage sur ces lieux mêmes, reconnaît en passant les écueils qui brisèrent son navire, devenus aujourd'hui des rochers pittoresques ; la ligne bleue de la mer s'est reportée bien loin de là, à l'horizon. Il reconnaît néanmoins sur la hauteur qui jadis était le rivage, deux vieillards vénérables, personnages typiques formulés par les noms de Philémon et Baucis. Le vieux couple qui l'a sauvé jadis des flots lui apprend toutes les merveilles qui se sont passées depuis sa venue, et hoche la tête en parlant du nouveau maître du pays et de la prospérité chanceuse qu'il a répandue dans les environs. En effet, un palais éblouissant s'est élevé dans une nuit, de vastes forêts sont sorties de terre comme l'herbe, des maisons flottent au soleil, des canaux répandent la fécondité, et dans tout ce pays si vaste, il n'est pas une image de Dieu, pas une cloche, pas une église ; le nom du ciel y meurt sur les lèvres. Ce n'est que sur l'ancienne terre ferme qu'une antique chapelle est restée debout encore avec sa cloche qui tinte le jour, et sa lampe qui luit dans les ténèbres.

Un palais. — Un grand parc. — Un grand canal.

FAUST, très-vieux, se promène en rêvant. LYNCÉUS.

LYNCÉUS, le veilleur de la tour à travers le porte-voix. — *Le soleil tombe, les derniers vaisseaux entrent joyeusement dans le port. Une grande nacelle est sur le point d'arriver au canal. Les pavillons bigarrés flottent gaiment dans l'air, les mâts se dressent avec souplesse. C'est par là que le nautonnier se dit heureux ; le bonheur te salue à bon droit.* (La clochette sonne sur les dunes.)

FAUST, se réveillant. — Maudites cloches ! La blessure qu'elles me causent brûle comme un coup meurtrier. Devant moi mon empire s'étend à l'infini ; derrière moi, le chagrin me harcèle et me rappelle par ces sons envieux que la source de mes richesses n'est pas pure ! La pelouse sous les tilleuls, la vieille maison, la petite église caduque, ne m'appartiennent pas... et si je voulais aller respirer là-bas, ces ombrages étrangers me feraient frissonner : ils sont une épine pour les yeux, une épine pour les pieds. Oh ! que ne suis-je loin d'ici !

LE VEILLEUR DE LA TOUR. — *Comme la nacelle cingle joyeusement, poussée par un frais zéphir ! Sa course rapide nous apporte des coffres, des caisses, et des sacs pleins de richesses !* (La nacelle arrive chargée des productions de toutes les contrées du monde.)

Profonde nuit.

LYNCÉUS, chantant sur les créneaux.

Né pour voir, payé pour apercevoir, attaché à la tour, le monde me charme. Je vois au loin, je vois près de moi la lune et les étoiles, la forêt et le chevreuil. Je vois en toutes choses l'éternelle beauté, et comme cela me plaît, je me plais à moi-même ! — Mais quelle épouvantable horreur se lève sur ce monde sombre ! Je vois des feux étincelants à travers la double nuit des tilleuls... Hélas ! la cabane est en flamme, elle qui était garnie de mousse et située en lieu humide ! De cet enfer brûlant, des éclairs montent en langues de feu à travers les feuilles, à travers les branches. O mes yeux ! faut-il que vous voyiez cela ! Faut-il que mon regard porte si loin ! Voici la petite chapelle qui croule écrasée du fardeau des branches. Les flammes embrassent déjà le faîte, et jusqu'à la racine on voit brûler les troncs creux, rouges comme pourpre !...

FAUST, sur le balcon, le regard dirigé vers les dunes. — Quel chant plaintif entends-je là haut ? D'abord des paroles, puis des sons ! Mon veilleur se lamente, et l'action qui vient de s'accomplir me chagrine intérieurement. Mais pour quelques tilleuls ruinés et réduits en troncs de charbon, qu'importe ! Un vaste espace sera bientôt déblayé, et ma vue s'étendra à l'infini. Je verrai aussi la nouvelle demeure bâtie pour ce vieux couple, qui, dans le sentiment de ma vertu, achève paisiblement ses jours.

MÉPHISTOPHÉLÈS, ET SES TROIS SERVITEURS. — Nous voilà arrivés de toutes les forces des chevaux. Pardonnez si tout n'a pas été très bien. Nous avons frappé d'abord à coup redoublés, et personne n'a ouvert la porte ; nous avons secoué et frappé toujours, et voilà la porte vermoulue enfoncée. Nous nous mîmes à appeler à grands cris et avec menaces ; mais les vieillards paraissaient tout étourdis, et comme il arrive en pareille occurrence, nous ne pouvions leur faire entendre raison, sur quoi nous n'hésitâmes pas à les tirer dehors avec force. Le couple n'est beaucoup débattu, et ils ont fini par tomber expirants à terre. Un étranger, qui était caché dans la maison et qui fit mine de se défendre, fut étendu mort près d'eux. En peu de temps la paille s'enflamma aux charbons brûlants répandus autour de la cabane. La voilà maintenant qui pétille dans le feu et sert de bûcher aux trois corps.

FAUST. — Étiez-vous sourds à mes paroles ? je voulais l'échange et non le vol. J'abhorre cette action imprudente et tyrannique. Partagez entre vous ma malédiction.

CHŒUR.

La vieille parole retentit ; obéis à la force ! Et si tu es courageux, si tu tiens ferme, tu risqueras et la maison et la cour, et toi-même.

(Ils sortent.)

FAUST, sur le balcon. — Les étoiles ont perdu leurs regards et leur clarté ; la flamme tombe et s'amoindrit ; un frisson d'air l'évente encore et porte jusqu'ici la vapeur et la fumée. Ordre vite donné et trop vite accompli ! Qui flotte là dans l'ombre ?

QUATRE FEMMES GRISES s'avancent.

LA PREMIÈRE. — Je m'appelle la famine.
LA SECONDE. — Je m'appelle la dette.
LA TROISIÈME. — Je m'appelle le souci.
LA QUATRIÈME. — Je m'appelle la détresse.
TOUTES TROIS. — La porte est close, nous ne pouvons entrer. C'est la maison d'un riche, nous n'y avons point affaire.
LA FAMINE. — Là, je deviens ombre.
LA DETTE. — Là, je deviens rien.
LA DÉTRESSE. — Là, se détourne le visage déshabitué de moi.
LE SOUCI. — Vous, mes sœurs, vous ne pouvez et n'osez rien ici. Le souci peut se glisser seul par le trou de la serrure. (Le Souci disparaît.)
LA FAMINE. — Vous, mes compagnes sombres, éloignez-vous.
LA DETTE. — Je m'attache à toi seule et marche à ton côté.
LA DÉTRESSE. — Et la détresse marche sur vos talons.
TOUTES TROIS. — Les nuages fuient, les étoiles sont voilées. Là derrière, derrière, de loin, de loin, le voilà qui vient, notre père le trépas.

FAUST, dans le palais. — Quatre j'en vis venir, et trois seulement s'en vont. Je ne puis saisir le sens de leurs paroles. Cela résonnait comme — détresse, puis venait une rime plus sombre, — la mort. Cela sonnait creux et de la voix sourde de fantôme. Je n'ai pu m'affranchir encore de cette impression. Si je pouvais éloigner la magie de mon chemin et désapprendre tout à fait les formules cabalistiques ! Si je pouvais, nature, être *seulement un homme* devant toi ; alors cela vaudrait bien la peine d'être homme !

Je l'étais jadis, avant que je cherchasse à pénétrer tes voiles, avant que j'eusse maudit avec des paroles criminelles le monde et moi-même. Maintenant l'air est plein de tels fantômes qu'on ne saurait comment leur échapper. Si le jour pur et clair vient sourire un seul instant, la nuit nous replonge dans les voiles épais du rêve. Nous revenons gaiment des campagnes reverdies, tout-à-coup un oiseau crie ; que crie-t-il ? — malheur. Le malheur ! il nous surprend, enveloppés jeunes et vieux des liens de la superstition. Il arrive, s'annonce, il avertit, et nous nous trouvons seuls, épouvantés en sa présence... La porte grince, mais personne n'entre. (Avec terreur.) Y a-t-il quelqu'un ici ?

LE SOUCI. — La réponse est dans la demande.

FAUST. — Et qui es-tu donc ?

Le souci. — Je suis là, voilà tout.
Faust. — Éloigne-toi.
Le souci. — Je suis où je dois être.
Faust, d'abord en colère, puis s'apaisant peu à peu. — Alors ne prononce aucune parole magique... prends garde à toi.
Le souci. — L'oreille ne m'entendant pas, je murmurerai dans le cœur ; sous diverses métamorphoses j'exerce mon pouvoir effrayant ; sur le sentier ou sur la vague, éternel compagnon d'angoisse, toujours trouvé, jamais cherché, tantôt flatté, tantôt maudit ! N'as-tu jamais connu le Souci ?
Faust. — Je n'ai fait que courir par le monde, saisissant aux cheveux tout plaisir, négligeant ce qui pouvait me suffire, et laissant aller ce qui m'échappait. Je n'ai fait qu'accomplir et désirer encore, et j'ai ainsi précipité ma vie dans une éternelle action. D'abord grand et puissant, à présent, je marche avec circonspection. Le cercle de la terre m'est suffisamment connu. La vue sur l'autre monde nous est fermée. Qu'il est insensé, celui qui dirige ses regards soucieux de ce côté, et qui s'imagine être au-dessus des nuages, au-dessus de ses semblables ! Qu'il se tienne ferme à cette terre ; le monde n'est pas muet pour l'homme qui vaut quelque chose. À quoi bon flotter dans l'éternité, tout ce que l'homme connaît, il peut le saisir. Qu'il poursuive donc son chemin, sans s'épouvanter des fantômes ; qu'il marche, il trouvera du malheur et du bonheur ; lui qui est toujours mécontent de tout, du mal comme du bien.
Le souci. — Lorsqu'une fois je possède quelqu'un, le monde entier ne lui vaut rien ; d'éternelles ténèbres le couvrent, le soleil ne se lève ni se couche pour lui ; ses sens, si parfaits qu'ils soient, sont couverts de voiles et de ténèbres. De tous les trésors il ne sait rien posséder ; bonheur, malheur deviennent des caprices. Il meurt de faim au sein de l'abondance. Que ce soient délices ou tourments, il remet au lendemain ; n'attend rien de l'avenir, et n'a plus jamais de présent.
Faust. — Tais-toi, je ne veux pas entendre un non-sens. Va-t-en, cette mauvaise litanie rendrait fou l'homme le plus sage.
Le souci. — S'il doit aller, s'il doit venir, la résolution lui manque. Sur le milieu d'un chemin frayé, il chancelle et marche à demi-pas. Il se perd de plus en plus, regarde à travers toute chose, à charge à lui-même et à autrui, respirant et étouffant tour à tour, ni bien vivant, ni bien mort, sans désespoir, sans résignation, dans un roulement continuel, regrettant ce qu'il fait, haïssant ce qu'il doit faire, tantôt libre, tantôt prisonnier, sans sommeil ni consolation, il reste fixé à sa place et tout préparé pour l'enfer.
Faust. — Misérables fantômes ! c'est ainsi que vous en agissez mille et mille fois avec la race humaine ; vous changez des jours indifférents en affreuses tortures. Je le sais, on se défait difficilement des esprits de ténèbres ; mais ta puissance, ô Souci ! rampant et puissant, je ne la reconnaîtrai pas.
Le souci. — Vois donc avec quelle rapidité je pars en te jetant des imprécations ! Les hommes sont aveugles toute leur vie ; eh bien ! Faust, deviens-le à la fin de tes jours ! (Il souffle sur son visage.)
Faust, aveugle. — La nuit paraît être devenue plus profonde ; mais à l'intérieur brille une lumière éclatante. Ce que j'ai résolu, je veux m'empresser de l'accomplir. La parole du Seigneur a seule de la puissance. Ô vous, mes serviteurs, levez-vous de vos couches l'un après l'autre, et faites voir ce que j'ai audacieusement médité ; saisissez l'instrument, remuez la pelle et le pieu, il faut que cette œuvre désignée s'accomplisse ; l'ordre exact, l'application rapide, sont toujours couronnés par le plus beau succès ; qu'une œuvre des plus grandes s'achève, un seul esprit suffit pour mille mains !

Grand vestibule du palais

Des flambeaux.

Méphistophélès, comme gardien, en tête. — Venez, venez ; entrez, entrez, lémures paresseuses ; formées de fibres, de veines et d'os, rajustés et ranimés à demi.
Lémures, en chœur. — Nous voilà prêtes à l'instant ; car, d'après ce que nous avons appris, il s'agit d'une vaste contrée que nous devons occuper.
Méphistophélès. — Il ne s'agit pas ici de travaux artificiels, procédez d'après les règles ordinaires. Le plus grand s'y couchera de toute sa grandeur ; vous autres, vous creuserez le gazon autour de lui. Comme on l'a fait à nos pères, faites une excavation oblongue et carrée ; hors du palais, une maison étroite ; c'est là la fin imbécile de tout le monde.
Lémures, creusant avec des gestes moqueurs. — Oh ! que j'étais jeune ! je vivais, j'aimais, et c'était si doux, ce me semble ! Partout où des sons joyeux frappaient mes oreilles, mes pieds se remuaient d'eux-mêmes. Voilà que la vieillesse sournoise m'a frappé de ses béquilles ;

j'ai bronché à travers la porte de la tombe, pourquoi aussi la porte était-elle justement ouverte ?
Faust, sortant du palais en tâtonnant aux piliers de la porte. — Comme le cliquetis des pelles me réjouit, c'est la foule qui me flatte, qui réconcilie la terre avec elle-même, qui met des bornes aux vagues et qui entoure la mer d'une sorte de chaîne.
Méphistophélès, à part. — Tu ne travailles que pour nous avec tes digues et tes bords ; car tu apprêtes par là un grand repas au démon de la mer, à Neptune. Tu es perdu dans tous les cas. Les éléments ont pactisé avec nous, et le tout n'aboutit qu'à la destruction.
Faust. — Gardien !
Méphistophélès. — Me voici.
Faust. — Travailleur, travaille de ton mieux. Encourage-les par la jouissance et la sévérité ; paie, leurre ; pousse-les. Je veux chaque jour avoir des nouvelles du fossé et des progrès qu'il fait par la longueur.
Méphistophélès, à demi-voix. — On parle, à ce que j'ai appris, non d'un fossé, mais d'une fosse.
Faust. — Un marais se traîne le long des montagnes et infecte tout ce que nous avons acquis jusqu'à présent. Dessécher ce marais méphitique ce serait le couronnement de nos travaux. J'offrirais de vastes plaines à des millions d'hommes pour qu'ils y vivent librement sinon sûrement. Voici des champs verdoyants et fertiles, hommes et troupeaux se reposent à leur aise sur la nouvelle terre, attachés par la ferme puissance des collines qu'ils élèvent par leurs travaux ardents. Un paradis sur terre ! que dehors les flots bruissent jusqu'aux bords ! à mesure qu'ils se lâchent pour faire une voie, nous nous empressons de remplir nous-mêmes la brèche.
Oui, je m'abandonne à la foi de cette parole, qui est la dernière fin de la sagesse. Celui-là seul est digne de la liberté comme de la vie, qui tous les jours se dévoue à la conquérir, et y emploie, sans se soucier du danger, d'abord son ardeur d'enfance, puis sa sagesse d'homme et de vieillard. Puissé-je jouir du spectacle d'une activité semblable et vivre avec un peuple libre sur une terre de liberté ! A tel moment je pourrais dire : « Reste encore ! tu es si beau ! » La trace de mes jours terrestres ne pourrait plus s'envoler dans le temps... Dans le pressentiment d'une telle félicité, je goûte maintenant du plus beau moment de ma vie. (Faust tombe, les lémures le saisissent et le placent dans le tombeau.)
Méphistophélès. — Aucune joie ne le rassasie, aucun bonheur ne lui suffit. Il s'élance ainsi toujours après des images qui changent. Le dernier instant si vide et si méprisable qu'il fût, le malheureux eût voulu le saisir et l'arrêter. Le temps est resté le maître. Le vieillard gît là sur le sable. L'heure s'arrête....
Le chœur. — Elle s'arrête. Elle se tait comme minuit. (L'aiguille tombe.)
Méphistophélès. — Elle tombe ! Tout est accompli.
Le chœur. — Tout est passé !
Méphistophélès. — Passé ! Un mot inepte. Pourquoi passé ! Ce qui est passé et le pur néant, n'est-ce pas la même chose ? Que nous veut donc cette éternelle création, si tout ce qui fut créé va s'engloutir dans le néant ! « C'est passé ! » Que faut-il lire à ce texte ? C'est comme si cela n'avait jamais été ! Et pourtant cela se meut encore dans une certaine région, comme si cela existait. Pourquoi ?... j'aimerais mieux simplement le vide éternel.

ÉPILOGUE.

Faust est mort, le pacte est accompli, le pari semble gagné. Dans une sorte d'épilogue, Méphistophélès, resté près du cadavre, appelle à son aide les sombres légions. L'âme encore attachée au corps en va tomber comme un fruit mûr. Mais cette âme puissante a résisté jusqu'au dernier moment. Le son de la cloche mystique était arrivé jusqu'à son oreille. Une pensée divine l'avait remplie et enivrée à l'instant suprême. Aussi les anges arrivent près du corps en même temps que les démons. Les sombres cohortes lâchent pied sans résistance. L'Hosanna seul les met en déroute. Méphistophélès, sombre et railleur toujours, se dresse fièrement au milieu des armées célestes. Il fait valoir ses droits, il discute, il ergote comme un docteur sur la lettre du traité. Les anges lui répondent par des cantiques et développent devant lui toute la splendeur de leurs phalanges. Une pluie de roses tombe sur le sol. L'éther vibre de mélodies. Le Diable lui-même se sent séduit par ce spectacle. Le doute de sa propre négation le saisit ; entraîné depuis si longtemps par l'âme sublime de Faust à travers les sphères infinies, parmi toutes les beautés de la création, dans le dédale du monde antique qu'il ignorait, et dont les fantômes de sages et dieux se sont entretenus avec lui, le Diable, fils des temps nouveaux, a perdu beaucoup de son orgueil et de sa haine; toujours il proteste, comme on vient de voir plus haut; mais la vérité se glisse malgré lui dans son esprit rebelle. Les chants célestes lui sont doux à entendre, le parfum des roses divines flatte son odorat. L'admirable beauté des anges le séduit même, et lui inspire des paroles de désir et d'amour. Au milieu de ces anges lutins, de ces fleurs, de ces rondes d'esprits folâtres, le vieux Diable ressemble au satyre antique enlacé par des enfants. Cette double image participe de l'alliance du monde ancien et du monde nouveau tenté par le poète. On prévoit que le Diable un jour sera pardonné selon l'invocation de sainte Thérèse. L'ange déchu se laisse enlever l'âme de Faust pendant ce rêve du paradis.

Réveillé par les chants de triomphe des anges qui remontent au ciel avec leur proie, Méphistophélès exhale ses plaintes comme l'avare qui a perdu son trésor :

« Qu'y a-t-il ! Que sont-ils devenus ? Je me suis donc laisser duper par cette engeance qui m'enlève le fruit de ma peine ! C'était pour cela qu'ils rôdaient autour de la tombe. Un grand, un unique trésor m'est ravi. Cette grande âme qui s'était donnée à moi, ils me l'ont dérobée par la ruse. A qui me plaindre, maintenant ! Qui jugera mon droit acquis ? — Te voilà donc trompé dans tes vieux jours, et tu l'as mérité; tu as à plaisir gâté tes affaires ! Un désir insensé, une fantaisie vulgaire, une absurde pensée d'amour t'a égaré, toi, le démon !... Et quand tout ton esprit et toute ton expérience avaient su mener à bien cette sotte entreprise, voici, que, pour un moment d'insigne folie, le dénouement tourne contre toi ! »

Emportée loin de la terre par les esprits du ciel, l'âme de Faust traverse d'abord une région intermédiaire où prient de saints anachorètes, auxquels l'auteur donne les noms mystiques de *Pater extaticus*, *Pater profundus*, *Pater seraphicus*. Dans cette solitude céleste, les âmes s'épurent et laissent au passage les dernières souillures de leur enveloppe terrestre. Une sphère supérieure encore est habitée par les *enfants de minuit* et les anges novices, qui de là transmettent l'âme aux saintes femmes, sur lesquelles règne et plane la souveraine du ciel, *Mater gloriosa*.

Les trois grandes pénitentes, Madeleine, la Samaritaine et Marie l'Égyptienne, chantent un hymne à la sainte Vierge, en l'implorant. Marguerite, après elles, intercède pour l'âme de Faust, en répétant quelques paroles de la prière même qu'elle adressait, dans la première partie, à l'image de *Mater dolorosa*.

Le ciel pardonne : l'âme de Faust régénérée est accueillie par les esprits bienheureux ; et l'auteur semble donner pour conclusion que le génie véritable, même séparé longtemps de la pensée du ciel, y revient toujours , comme au but inévitable de toute science et de toute activité.

FIN DE FAUST.

Paris, imp. de Jouas et fils, rue Saint-Honoré, 338.

www.ingramcontent.com/pod-product-compliance
Lightning Source LLC
Chambersburg PA
CBHW070659050426
42451CB00008B/426